非戦の安全保障論

ウクライナ戦争以後の日本の戦略

勢﨑賢治
ezaki Kenji
林 吉永
ayashi Yoshinaga
会 編

a pilot of wisdom

はじめに

柳澤協二

ロシアのウクライナ侵攻は、世界に大きな衝撃を与えました。私が代表を務める「自衛隊を活かす会（正式名称：21世紀の憲法と防衛を考える会）」のメンバーにとっても、大きな衝撃でした。「自衛隊を活かす会」は、安倍晋三政権による集団的自衛権の一部容認を受けて、戦後日本の防衛と自衛隊の在り方についてさまざまな問題提起を行ってきました。集団的自衛権の容認と日米の作戦上の一体化が進んでいく一方、自衛隊が抱えてきたさまざまな矛盾……例えば、自衛隊が海外で武装集団と武器を持って対峙《たいじ》するとき、自衛隊はどこまでの犠牲に耐えることができるのか、あるいは、自衛隊員が民間人を殺害した場合いかなる法的責任を問われるのか、派遣された隊員が被るであろう人格的障害への社会的対処をどうするのかなど、海外で戦う自衛隊が抱える多くの問題点を指摘してきたところです。

これらは、もともと存在していた矛盾ではありますが、海外で戦わないことを前提とした自衛隊では、矛盾が現実化する心配はなかったのです。だが、海外で戦わせるのであれば、こうした矛盾に真っ向から取り組まなければならないだろう、という問題意識です。こうした問題は、憲法を変えても解決しないし、憲法を変えなければ直せないわけでもない。もっと地に足をつけた議論をせよ、という政治への注文でもありました。

ロシアのウクライナ侵攻を契機に、「防衛力の抜本的強化」とか「敵基地攻撃」「核の共有」といった勇ましい議論が幅を利かせています。しかも相手は中東の武装集団ではなく、軍事大国・中国です。だからこそ、異次元の防衛力強化をしなければ不安で仕方がないということかもしれません。「平和を欲するなら戦争に備えよ」ということです。では今日、日本の政治は、本当に戦争に備えようとしているのでしょうか。中国との戦争では、自衛隊が海外で戦うのではなく、日本国内がミサイルの飛び交う戦場になります。ミサイルは、自衛隊だけを狙ってくるわけではありません。「どこまで犠牲に耐えるのか」という問いは、自衛隊に限らず、日本国民全体の問題になってきます。

戦争への備えで一番重要なことは、国民が被害に耐え、戦う意欲を持続することです。ところが日本の防衛論議は、「相手をやっつける能力」にだけ特化しているようです。二〇二二年七月の参議院選挙の各党の公約を見ても、「中国との戦争の中で国民の命をどう守るか」に触れた政党はありません。これでは、戦争への備えにはならないと思います。もっとも、国土を戦場にする戦争という状況下で、国民の命を守りきることは不可能です。ここでも政治は、一番大事な論点を避けているとしか言えません。

私は、日本が戦争を得意とする国ではないと思っています。狭い国土、減少する人口、エネルギーと食糧を自給できない弱さ、内向きになる政治、現状維持を欲する国民性は、いずれも、戦争に向いていないと断言できます。その国が、防衛予算を増やし、敵地に届くミサイルを持つことで強くなったという錯覚に陥るとすれば、それは愚かで危ういことです。

さて、ロシアのウクライナ侵攻が我々に与えた最大の衝撃は、世界が再び戦争の時代に入ったのではないか、ということです。一七世紀中葉の主権国家の成立、一八世紀末の国民国家の登場以来、人類は戦争に明け暮れてきました。二〇世紀の二つの世界大戦を経て、軍隊の役割が戦うことよりも抑止（戦わないこと）に変わり、さらに、冷戦が終わって二一世紀には、破綻した国家の秩序回復に移ってきました。軍隊は派遣されましたが、対等な主権国家としての戦争ではなく、治安を維持することに重点が置かれていました。ロシアのウクライナ侵攻は、主権国家への侵略であり、相互に不可侵であるはずの主権を武力で脅かす昔ながらの戦争です。強いものが弱いものを力ずくで支配する、そういう一九世紀的な世界の再来を、誰も望んではいません。それが目の前で起こったのです。

一方、人類は、国際法で戦争を制約し、外交を尊重する仕組みを模索してきました。その集大成であった国際連合が危機に瀕《ひん》しています。力が唯一の尺度になる世界にしないために、今、我々に何ができるのかが問われています。それが人類共通の緊急課題だと思います。

今回は、「自衛隊を活かす会」メンバーである伊勢﨑賢治、加藤朗、柳澤協二のほか、戦争の歴史に造詣が深く、我々の企画にもたびたびご参加いただいた林吉永氏（元空将補・防衛研究所戦史部長）にも加わっていただくことにしました。

本書は、四月一日に行った鼎談をもとに、六月初旬の開戦一〇〇日時点における執筆者の論稿を加える形でまとめたものです。その時期的な制約はありますが、執筆（発言）者の基本的な考え方は網羅されていると思います。今も戦局は動き、国際社会の対応も動いています。この先、戦争の結末が見え、戦後処理が動き始める中で、再び鼎談の機会があることを期待しています。

自衛隊を活かす会（正式名称「自衛隊を活かす：21世紀の憲法と防衛を考える会」）

二〇一四年六月七日に結成。現行憲法下での自衛隊のあり方を模索し、提言することを目的としている。その目的で、この八年間に二〇回以上のシンポジウムを開催し、成果はホームページ（http://kenpou-jieitai.jp）で公開している。代表＝柳澤協二、呼びかけ人＝伊勢﨑賢治、加藤朗。事務局長＝松竹伸幸。

目次

第五章　開戦から一〇〇日を過ぎた時点で——寄稿　167

図版作成／MOTHER

第一章

ロシアのウクライナ侵攻を どう受け止めたか——冒頭発言

2022年4月4日、ロシア軍による住民虐殺が起きたブチャを視察するゼレンスキー大統領。

写真：ロイター／アフロ

1　戦争をどう止めるかを考える材料に

柳澤協二

戦争が起きたことをどう考えるべきか

二〇二二年二月二四日にロシアによるウクライナへの武力侵攻がありましたが、とにかく非常にショッキングな出来事でした。まさかこの時代に、こんな戦争をするとはまったく思っていませんでした。ロシアの軍隊は、ベラルーシまで展開していましたが、それは一種の牽制《けんせい》で、狙いはあくまで、親ロシア派とウクライナとの対立が続く東部二州の統治をめぐる政治的な現状変更だろうという程度の感覚しか私は持っていなかった。だから、プーチンの意図を正しく予想できなかったのですが、それは、戦争を動機と勝機とタイミングから判断してきた私自身の思考の枠組みが通じなかった、というショックだったのです。

一方、両国の間には軍事力の圧倒的な差があるとはいえ、集結しているロシア軍は一五万とか一九万と言われていて、そんな数ではとてもウクライナ全土の占領などはできません。それも、まさかキーウ（キエフ）に向かって武力侵攻することはないだろうと判断していた根拠の一つなのですけれども、その予測も裏切られました。しかし、実際に侵攻されてみて、背後にある圧倒的な軍事力の差を考えると、ウクライナ、特にキーウが陥落して政権が打倒されることはもう時間の問題ではないかと非常に悲観的に見ていたところ、ウクライナの人たちが結構善戦している。ロシアについて見ると、電撃作戦みたいなことをやるのかと思ったら、かなりもたついていて、非常に下手くそな戦い方しかしていないという感じもある。そうやって事態が進行しているのが、この間の事情です。

ただ、いずれにしても、こういう戦争が起きたことをどう捉えるかというところで、まず私は、いろいろ悩まざるを得ませんでした。これまで私の一貫した問題意識は、どうやって国家間の対立を戦争にしないようにできるかという、その道を考えるところにあったのです。しかし、現に起きてしまった戦争のことを考えると、プーチンが正気ではなかったと言えばそれで済んでしまうのですが、それでは何も教訓が出てこないのです。

侵略をやめさせるために動機や背景を考える

もう一つの見方として、ゼレンスキーの方に問題があるのではないかと主張をする人がいます。西欧のおだてに乗って、余計なファイティングポーズを取ったゼレンスキーの方が悪いという言い方をするわけです。ただこれもちょっと違うと思います。こういう戦争を起こしてはいけないのですから、一人の人間としてこれをどう捉えるかといえば、やはり戦争を起こした者を許してはいけないということが、まず原点になければいけないと思います。

しからばどうするべきか。即時停戦を求める団体、人々の声明はいろいろあるようです。けれども、停戦するには、攻めてきた側がその気にならないといけません。守っている側に停戦を求めても、それは無理な話なのです。だから、ただ停戦を求めるのではなくて、攻めてきた側に戦争行為をやめさせることを考えるべきでしょう。そうすると、では一体なぜ攻めてきたかという、その動機なり背景なりを考えなければいけない。

そのことを考えると、確かに、冷戦が終わって予想よりずっと早くドイツ統一があり、ソ連が崩壊して以降、ＮＡＴＯ（北大西洋条約機構）が東方拡大をしていった問題がある。この問題に対して、ロシア側の不満なり不安感が当時から確かにあったのだろうとは思います。しかし、だからといって、この問題を反米の枠組みで捉えて、やはり悪いのはアメリカだという言い方は、これは全然私の感覚に合わないのです。そういう問題があったとしても、それを戦争という形で、小国を攻める戦争をするような形で解決しようとすることは、やはり本当に禁じ手なのであって、そこに踏み切ったプーチンを許してはいけないのです。

ただし、この戦争をどう止めていくかということになると、それに対して武力をもって応えるというのは、ますます戦争を拡大して泥沼化していくことになります。私はこれまで大きな戦争をどう起こさないようにするかを考えてきたけれども、それでも起きてしまった以上、起きた戦争をどう止めるか、それも武力の拡大によらずにどう止めるかを考えるところに、今回の戦争を考える一つの意味があると思っているのです。だから私は全然政治的には力はないのですが、開戦の当初から、プーチンの戦争を止めるという国際世論を高めなければいけないという主張を、文章にしたりもして、国会議員などにも伝えてきたのです。

国連総会の役割、経済制裁の意味

そういう中で、国連総会がロシアを非難する決議をしたことは大事だと思います。いうまでもなく、ロシアは国連安全保障理事会（安保理）常任理事国ですから、この問題について安保理は機能しないので、国連総会による批判は当然やらなければいけない。こういう国際世論による包囲網をつくっていくことがどうしても必要なのです。

経済制裁をどう考えるかは、なかなか難しいテーマです。しかし、本当に戦争を止めるような力を持つ措置を取ろうとすれば、しかもそれを武力ではなくて経済制裁でやろうとするのだったら、いわゆる「返り血」は覚悟してでも相当強力な実効性のある制裁をしなければいけないと思っていたし、そう書いてきました。実際の事態の進行を見ると、国際銀行間通信協会[*1]からロシアが除外されるとか、時間はかかるけれどロシアへのエネルギー依存をやめる方針が出されてきているることとか、物事はそのように進んでいるようです。その結果、弱者への影響をはじめ、いろいろな被害はあるけれども、起きた戦争への対応として経済制裁は必要なことでもあるし、まず戦争を止める方が優先課題という意味ではやむを得ないことだろうと見ています。

＊1　ＳＷＩＦＴ。銀行間の国際金融取引を仲介するベルギーの協同組合によって提供される決済ネットワークシステム。国際金融取引に広く活用され、世界中の高額なクロスボーダー決済の約半分が利用しており、加盟していなければ貿易が困難となると言われている。

ただし、戦争というのは、経済制裁と国際世論だけで止めるには、かなり時間がかかります。戦争を始めた側が疲れてきて、もうやめたいと思うような状況にならないと、なかなか終わることはない。現実の動きを見ると、三月末には停戦交渉が動き出しましたが、プーチンがまだその時期ではないと考えている以上、難しい。戦争を仕掛けたロシアの側も、相当な被害を現に被っているようですが、戦争を継続する意志をさらに少しでも減らしていくようなプロセスが必要なのだろうと思います。

どうやって停戦するか

ゼレンスキーが出した停戦の条件は、細かく言えばいろいろ問題があるかもしれませんが、全体として理にかなったことだと思っています。ＮＡＴＯという集団的自衛権に基づく同盟関係ではない形のウクライナ独立の保証を求めるとか——誰がその独立を保証する当事者として適当かという問題は措《お》いて——、クリミアについては一五年間話し合いましょうとかの条件です。これも、多分一五年経《た》てばプーチンもいないだろうという思惑もあるのかもしれないが、この種の領土をめぐる争いについては、とにかく冷却期間を取るというのは合理的な提案だろうと思います。

ただ、東部二州の扱いについては何も触れておらず、ゼレンスキーはプーチンと直談判《じかだんぱん》したいと言っていました。これはなかなか難しい問題で、プーチンの側にどこかで幕引きをしようとする意図が生じたとすると、不愉快なことだけれど、どこかでプーチンに花を持たせるような結末を考えなければいけないという局面がそろそろ出てくるのかなと感じていました。それが東部二州の事実上の割譲みたいな結果になるのかもしれない。ただ、そうなったとしても、それはウクライナの決断なので、批判するわけにもいかない。ただ、それをのもうという気配すら、今のところプーチンには見えない状況です。

四月にロシアがキーウ周辺から撤退して、民間人の殺害という戦争犯罪が明らかになると、西欧も妥協できなくなり、どこかでプーチンの「顔を立てて」停戦に持ち込むような雰囲気が失われているのが現状です。したがって、戦争は終わらない。

とにかく、心情的にはウクライナに本当に頑張ってもらいたいと思っているわけですが、現実には人道危機のような状況をなんとか早く終わらせなければいけないという要素もあります。そういう意味で、この戦争を早く終わらせるためには、プーチンがある程度の窮地に陥って、戦争継続を諦めることが一番大事だと思うので、そういう方向にぜひ進んでもらいたいと思っています。

戦後の国際秩序をどうするか

ただ、そろそろ考えなくてはいけないのは、この戦争が何らかの形でけりがついたとして、その後をどうしていくのかということです。一つは、当事者同士が何らかの合意に達したのに、他国が制裁を続けられるかという問題もある。しかしながら、当事者同士がいいと言ったとしても、それはしょせん武力でなし得た現状変更を認めることだとすれば、それを国際社会は許していいのかという問題でもあるわけです。こういうところについてどう折り合いをつけていくのかという非常に難しい問題がある。

それからもう一つは、こういう戦争を二度と起こさないためにはどうするのかということです。そこを今回は議論したいのですが、一番鍵になるのは、武力を使わないような世界を展望するとすれば、やはりそれは戦争をしないという国際世論をどうつくるかにかかっている。それから、プーチンが言い出した核兵器による脅しのことも含めれば、核の使用を絶対に許さないような国際世論をどう盛り上げていくかということです。本当に我々は戦争の状況をテレビで、目の前で見ているわけですから、こういうことを二度と起こさないという国際世論をつくるということ、これがこれからの課題になっていくのだろうと思います。

冒頭になりましたが、この戦争を見ていて、現時点での私の思いを言えば、そんなところになると思います。

2　ロシアの上位目標はウクライナの「内陸国化」

伊勢崎賢治

侵攻の前にロシアの研究者と協議した

実は、今回の戦争が起きるちょうど三か月前の二〇二一年末、NATO加盟国の二か国、ロシアに接するノルウェー、そして米露の権益が衝突する北極海に浮かぶアイスランドに招待されて行ってきました。ノルウェーでの会議を主催したのは、オスロ国際平和研究所。ノーベル平和賞の最初の候補者リストを出すところです。研究者を世界から集めた会議ですが、そこにはロシアからの研究者も来ていたのです。

この会議の議論の焦点は「ロシア」です。東部二州の周りにロシア軍が集中し出したのが、去年（二〇二一年）の四月ごろからでしたので、会議があった一一月末から一二月にかけてのころには一〇万以上の兵力がウクライナとの国境線に集結して、危機感が高まっていたのです。ノルウェーは、NATO加盟国でありながらロシアと接している国ですから、ノルウェーの国内政局と世論は、当然ですが歴史的に二極化され揺れてきました。ロシアを刺激しない派と、NATOべったり派の間を。このときの世論は後者の方に振れ始めていましたから、僕を含め集まった研究者たちの緊張感は、半端ではありませんでした。

ロシアの研究者と議論するのは、僕にとって初めてではありません。アメリカ・NATOのアフガニスタン戦争が佳境のとき、ロシアの国防省に呼ばれ専門家たちと交流したことがあります。アメリカとNATOの苦境をよく分析しているなぁという記憶が残っています。でも、ロシア国外で議論するのは初めてでした。

日本の一部の国際政治学者と安全保障の専門家たちは、この戦争が二〇二二年二月二四日に〝突然〟始まった侵略行為という印象操作を意識的にやっているように見えます。だからこそプーチンのことをunpredictable（予測不可能）な怪物だとか、完全に正気を失った異常者とまで言っている。

しかし、開戦の三か月前のノルウェーでの僕たちの議論では、ロシアによる開戦は明確に予測されていました。プーチンだったら「この機」を逃さないだろうと。じゃあ具体的な開戦の時期は？　今年（二〇二二年）のアメリカの中間選挙、それまでのいつかだろうと。

バイデン政権の一方的な撤退宣言によって引き起こされた、二〇二一年八月のNATOのアフガニスタン戦争の敗退の大混乱は、アメリカとアメリカ以外のNATO諸国との信頼関係に決定的な亀裂を生んだのです。NATOは、この屈辱的な敗戦、それも、これは日本の研究者全般に欠落した認識なのですが、NATOが設立以来の、そして今のところ唯一のNATO憲章第五条（NATO加盟国の一又は二以上に対する攻撃はNATO全体への攻撃とみなす、という原則）作戦の完敗を総括さえできていない状態だったのです。

アメリカ国民も、NATO諸国の国民も、自らの兵を新たな戦場に送るなんて絶対に支持しない厭戦《えんせん》気分の状態。だから、プーチンがやるのだったら、今。アメリカの中間選挙前までにやるだろうと。

「キーウにも迫るだろうが占領は考えていない」というロシア人研究者の見解

じゃあ戦端が開かれたら、その後はどういう戦況になるか。今、柳澤さんが最初におっしゃったように、現在動員されているロシアの兵力では、ウクライナ全土の占領はできるわけがありません。これはアフガニスタン戦争の経験からも明らかです。人口約四〇〇〇万のウクライナよりちょっと人口の少ないアフガニスタンを、アメリカとNATOが束になっても平定できなかったのです。ピーク時には二〇万の兵力を送り、圧倒的な空爆力で攻めると同時に、手塩にかけて増強して軍備も与え、最終的には三〇万に達したアフガン国軍と、それとほぼ同数のアフガン武装警察をもってしても、軽装備のタリバンに完敗してしまったのです。この顚末《てんまつ》をプーチンは冷静に見ていたはずです。その前の冷戦期には自分たちもソ連としてアフガニスタンで痛い目に遭っていますしね。

だから、ロシアにはウクライナを占領統治する能力も意思もない。プーチンが言う「非ナチ化」とか「武装解除」は、ウクライナの政治軍事体制を根こそぎ変えるようなイメージでもって日本を含む西側社会で喧伝《けんでん》されています。しかし、これは、時間をかけて駐留し平定しない限り実現できません。だからプーチンの「ブラフ」と考えるべきなのです。

さらに「首都キーウにも迫るだろうけれど、陥落させるまでのリスクは取らない」。そういう見方がなされたのです。

もちろん、ロシアは徴兵制がある国ですから、ロシア国民に広くそれを行き渡らせれば、昔の赤軍みたいに八〇万とか一〇〇万というような総兵力を確保できるかもしれない。けれども、ロシア人研究者は、「それは絶対あり得ない」ときっぱりと言いました。そんなことをやろうとしたら、国民の方が黙っていない。今のロシアは昔と違う、プーチンが一番恐れているのはロシア国民だ、と。

だから、リザーブ、予備役を使うぐらいに止《とど》まるだろうと予想していました。

占領統治に莫大《ばくだい》な兵力が必要だと誰もが分かっている

僕は二〇一七年に太平洋地域陸軍参謀総長会議（PACC）という会議にアメリカ陸軍から呼ばれて参加しました。場所は韓国のソウルです。ちょうどトランプがソーシャルメディアで米朝開戦をほのめかしていて、世界中、特に日本国民とメディアが騒然となっていたときです。僕がNATO主要諸国を含む親米三二か国の陸軍のトップたちに講演を頼まれたテーマは、まさに「占領統治」。チャタムハウスルールで、会議中の受け答えは口外しない紳士協定が原則でしたので、どの国の誰が何を言ったかは明かせませんが、米韓陸軍の幹部との部会の一つで、金正恩《キムジョンウン》の〝斬首作戦〟を実行した後に、北朝鮮を占領統治するというシミュレーションをやったのです。

北朝鮮の人口を二五〇〇万人として、五〇万人から七〇万人の兵力が必要だと試算しました。三二か国が束になっても、そんな総兵力は拠出できないという結論になりました。だから、戦争は起きてないわけです。同じ試算を当てはめると、ウクライナの人口を四〇〇〇万人として、必要兵力は八〇万人以上。それもロシア一国で。陸軍を総動員しても土台無理なのです。

ノルウェーの会議では、このようなことも含めて議論が行われました。

「占領統治」はブラフだとして、プーチンの狙いは何かを見極めなければなりません。やはり、すでにロシアが勝手に独立を承認した東部ドンバスの二つの州と、二〇一四年以来実効支配を続けているクリミアをウクライナが放棄すること。そして、NATOにウクライナを「トリップワイヤー化[*2]」させないこと。

*2 trip wire（仕掛け線化）。抑止戦略論上の用語。超大国や軍事同盟が、敵国の軍事力に均衡するよりずっと小さい兵力をその敵国の間近の緩衝国家に置き、際限のない軍拡競争のジレンマを回避する抑止力とすること。

それが最低限の戦争目的であり、それ以上のものは、戦況次第で引き出せるものは引き出す。そういうことになるのではないかと。二つの州とクリミアの支配だけだと、クリミアがいわゆるエンクレーブ、飛び地になってしまうので、中間にある都市マリウポリを陥落させ「回廊」にする。それをなるべく太く拡張し、さらに西に、モルドバとの国境にまで延長すれば、ウクライナは黒海にアクセスできない「内陸国」になる。

その「内陸国化」がプーチンのこの戦争の最終目標であり、首都キーウへ侵攻はするが、それは見せかけで、東部と南部に展開しているウクライナ軍を誘い出し、同地を手薄にさせる陽動作戦だろうと。これらが開戦三か月前のノルウェーでの僕たちの予測だったのですが、かなり的中しています。ロシア人の研究者だからこそ、プーチンの指導者としての冷酷さを見抜いているなと思いました。

3　国際政治学はすべてご破算になった

加藤　朗

貧しいウクライナの戦後は悲惨である

個人的なことを言うと、私はウクライナには因縁があります。一つは、二〇一四年に突然私のGメールが乗っ取られたのですが、私の名前で、ウクライナで反政府側の集団に捕まって人質に取られているから、ここの銀行に身代金を振り込んでくれというメールが各方面に送られたのです。実際、私はその前から何度か紛争地に行ったこともあるし、捕まったこともあったので、ひょっとしたらと思った人もいたらしいです。まあ、加藤がこんなにうまい英語を書けるわけがないからこれは絶対に嘘《うそ》だといって、みんなが信用しなかった。実はそれが一番こたえたんですけどね。

それと二〇一七年三月、キーウとハルキウに行きました。そのため、毎日のように両都市が攻撃されている映像を見せられると、相当へこみました。だから、今もあまり冷静にこの問題について話すことができません。

案外みんなが理解していないことがあります。ウクライナって、私は初めて行ったときに、ここはアフリカかと思ったぐらいに貧しいところでした。

ウクライナには過去の栄光は確かにあるでしょう。由緒ある教会や歴史的建造物など、本当にたくさんあります。だから、それらに目を奪われて、何となく我々は発展したウクライナとロシア、ある意味では我々と同じような先進国同士の戦いだというふうに思いがちです。しかし、経済的なレベルで考えると、とても先進国同士の戦争ではない。

参考までですが、ウクライナの一人当たりGDP（二〇二一年）は約四八〇〇ドルで、日本の約八分の一です。購買力平価が一万四三〇〇ドルで三倍ぐらいになっていますから、貧しくてもアフリカよりはましかなと思いたいのですが、実際に見た目の印象でいうと、ウガンダやケニアのナイロビぐらいのレベルです。

ロシアだって一人当たりのGDPは約一万二〇〇〇ドルで、世界全体のGDPに占める割合は二％もないのです。ＧＤＰが二％もない国と、ゼロコンマ何％という、この二国が戦争しているのです。

ですから、ロシアもウクライナも、この戦争が終わった後は相当悲惨です。石油収入があったにせよ、長期戦になればロシアは本当に経済的に立ち直れるかどうかという話です。これを頭に置いた上で、この戦争とは何だろうかと考える必要があります。

ウクライナ戦争は一九世紀型の戦争

本当に不明を恥じているのは、私は三〇年前に『現代戦争論―ポストモダンの紛争ＬＩＣ』（中公新書、一九九三年）という本を書いて、これからの戦争は国家間の戦争ではない、非国家主体の戦争だとずっと言い続けてきたことです。だから、今回の戦争が起きて、私の研究は何だったのだろうかと、反省しきりです。

今、戦われているのは間違いなく、一九世紀型のクラウゼヴィッツの三位一体戦争[*3]です。国民と軍隊と政府による戦争です。停戦の問題を考えるにしても、この戦争の性格を押さえる必要がある。それともう一つ、戦争の原因をどこに求めるのかということですが、こういう古典的な戦争の場合には、やはり指導者の価値観や世界観が大きく影響します。

＊3　戦争は、国民、軍隊、政府の三つの要素からなるとのクラウゼヴィッツの古典的戦争観。

それで、古典的戦争で参考になるものは何か。ウクライナ・ロシア（宇・露）戦争発言で物議を醸したキッシンジャーの『外交』（岡崎久彦監訳、上下巻、日本経済新聞社、一九九六年）という本だと思い至りました。その中にロシアに関する記述があります。私は今回のロシアのウクライナ侵略は印象として大ロシア主義[＊4]に基づく祖国防衛戦争だろうとは思っていたのですが、やはり『外交』にこういう記述があったのです。

＊4　ロシア帝政時代のロシア中心主義。

アメリカが自己を例外的な存在と見なす考え方は、時には道徳的十字軍に走らせ、時には孤立主義に走らせた。一方、ロシアが自己を例外的だと見なす考え方は、宣教（ロシア正教、共産主義――加藤の注釈）の精神を呼び起こし、多くの場合、軍事的冒険に引きずり込んだ。

（『外交（上）』一九三ページ）

これがキッシンジャーのロシアに対する見立てなのです。もう一つは以下の記述です。

アメリカではすべてが契約関係に基づいているが、ロシアではすべてが信仰に基づいている。この違いを生んだのは、かつて教会が西側で選んだ立場と東側で選んだ立場の相違である。西側では二重の権威が存在したが、東側では一つの権威しかなかった。

（同前）

ここでキッシンジャーが信仰というのは共産主義も含めてだと思います。だから、今、プーチンの思いの中には、キッシンジャーの考え方からすれば、宣教、宗教を広めている、ロシア主義を広げるということなのです。そのロシア主義とは何だろうかというと、ここでまたキッシンジャーが引用しているのが、ロシア民族主義者のドストエフスキーの言葉なのです。

国民に聞きなさい。兵隊に聞きなさい。なぜあなた方は立ち上がったのか、なぜあなた方は戦場に赴き、そこから何を期待しているのかと。彼らは一人の人間として答えるであろう。我々はキリストに仕え、抑圧されている同胞を解放しようとしている。……我々は、たとえヨーロッパを敵にまわしてでも、これらの抑圧された同胞のお互いの協調を図り、その自由と独立を擁護しなければならない。（同前）

キッシンジャーが『外交』を書いたのは、今から二八年前の一九九四年です。キッシンジャーのロシアに対する評価が当たっていると思ったので、ここに引用しました。現在は、冷戦後の国際秩序が崩壊し、第一次世界大戦以前の古典的秩序に回帰したかのようです。

NPT体制と国連の機能不全

それからもっと深刻な問題があります。それはNPT体制（核兵器不拡散条約体制）が崩壊したことです。

もちろんNPT体制以前にも、核を恫喝《どうかつ》の材料として使った例はあります。アメリカにしても、朝鮮戦争のときもそうでしたし、ベトナム戦争のときもそうです。しかし、国際社会に対してここまで露骨に核の恫喝を用いた例は、過去にありません。これは、NPT体制に対する明白な挑戦というよりも、この体制の崩壊としか言いようがないのです。これは極めて深刻な問題だと私は思っています。

それからもう一つは、国連の集団安全保障体制の機能不全です。これは前から言われていたことで、もともと集団安全保障体制というのは、国連の設立の当時から問題は抱えていたのです。これは当たり前の話で、国連安保理の常任理事国が国連憲章に違反する行為を行っても拒否権を発動されて安保理は動けない。とりわけ、世界の軍事費のおおよそ半分近くを使っているアメリカが何か事を起こしたら、ほかの国がどれだけ束になってかかっても、それを収めることができない。原理的にそれは無理だとは分かっていた。にもかかわらずロシアに、ここまで露骨にされると、もう一度国連の在り方は考え直さざるを得ないだろうという気がします。

だから、常任理事国の拒否権をどうするかということと、それから総会をどのように有効に機能させるかということは本格的に考えなければいけない。けれども、この問題を突き詰めていくと、現在の国連を一度解体して、新たに立て直す必要が出てくるだろうというのが、私の予感です。

その意味で、国際政治的には新たな国際構造、つまり新たな国際秩序を形成することが求められる。今回の戦争は、戦争といっても、内戦や地域紛争ではなくて、国際政治の構造そのものを転換してしまう構造戦争だということです。いろんな話し合いや経済力などを使いながら、国際政治のルールの変更を行い、第二次世界大戦後七七年もやってきたはずなのに、そのルールを武力で変更することが行われた。四〇年も国際政治の学徒であった者からすると、今まで何を研究してきたんだろうか、全部ご破算になった気がします。時代は、E・H・カー[*5]の時代以前、一九世紀末に戻っている、第一次世界大戦以前に戻っている。だからもう一度、国際政治のルールを立て直す必要がある。本当に個人的にも今回のロシア侵略にはいろんな意味でへこみました。

＊5　戦間期を題材に『危機の二十年』を執筆し、現在の国際政治学の基礎を築いたイギリスの歴史家。

4　敵も味方も一緒になって戦後秩序をつくれるか

林 吉永

戦争の歴史を年表にして見てみた

この地域の戦史とか自衛官としての経験から話をせよということでありましたので、ハーパー・コリンズの『軍事史エンサイクロペディア』と岩波書店の歴史学研究会編『世界史年表

（第二版、机上版）』の中から自分なりに戦争を引っ張り出して戦争の年表をつくりました。それを一般の市民の方にお見せしたところ、「ヨーロッパではどうしてこんなに戦争が起きるのか」という質問を受けました。それに対する答えとしては、好戦的な文化を持っているとしか答えようがない面があります。

しかし、それで片づけたら何も解決しません。そこでまず、紀元前から今に至るまで、一〇〇年ごとに何回戦争が起きているかを整理してみました。戦争そのものをどう概念づけるか、定義するかによって、回数のカウントの仕方が変わってくるのですが、現実には古代からの記録のあるなしが曖昧ですから仕方がないので、記録されているものだけを統計的に見てみました。

例えば二〇〇〇年から二〇一五年の間に起きた戦争については、スウェーデンのウプサラ大学が、二五人以上の死者が出た武力闘争、武力紛争を含めて戦争だとして整理しています。その資料を調べると、一六年間に二七回、つまり半年に一回の戦争が起きています。しかし、私の計算ではその戦争が継続した年数を累計してみると、もう二〇七年間も戦争していることになるのです。ヨーロッパが中心なのですが、暇なく戦争しているということでもありました。

それから、伊勢崎さんはこれまで、アフガニスタンでの戦争はアメリカがやった戦争の中で歴史的に一番長いとおっしゃったことがありますが、私に言わせるとインディアン戦争が一番長いのです。私は、父親が日本郵船の客船の乗組員で、東シナ海で米海軍の潜水艦に沈められたこともあって、アメリカに対して敵愾心《てきがいしん》があるため、こんなことも言うのですが。

アメリカでは一七七六年からインディアン戦争が始まり、五〇〇余の部族を北アメリカ大陸で制し、排除し、あるいは隔離しています。そして、一九二三年に最後の戦争がありました。この間一四七年間も北米原住民制圧の戦いを行っています。

ウクライナの戦争と占領の歴史を見る

それからもう一つ、ウクライナはどんな国かを追跡するため、外務省が出している「ウクライナ基礎データ」をベースに我流の年表（四一ページ参照）をつくってみました。黒星（★）が独立していた時期で、二重丸（◎）が他国に支配されていた時期です。ウクライナは、九世紀にキエフ・ルーシが成立してから後、今日に至るまで、合計約五八〇年間、国の歴史の半分という長期にわたり他国の支配を受けていました。

支配されていても、実は安定していた時期があったようです。ポーランド・リトアニア共和国に支配されたときです。ポーランド・リトアニア共和国は、戦争して一国になったのではなく、王子様とお姫様が恋愛結婚で一緒になって平和的に共和国をつくったのです。そのときにウクライナの七〇%ぐらいがポーランド・リトアニア共和国に支配された。おそらく幸せいっぱいの夫婦に幸せに支配されたのではないかと思います。そのような一因もあり、だから現在、ウクライナの人が戦禍を避けてポーランドに逃げ込むのかもしれません。いずれにせよ、ウクライナそのものは歴史的に戦争の繰り返しが極めて多く、国が滅びた、また復活したという歴史を歩んでいることが見えてきます。

第二次世界大戦と重ねて見ることができる

それから、加藤さんがえらく反省しておられるのを伺って、そうじゃないと言いたい部分があるのです。今回の戦争は、クラウゼヴィッツの言う伝統的戦争であることは、確かに形はそうなのですけれども、さまざまな現象を見てみますと、戦争そのものが変革しているのではないかと私は思っております。

戦争というのは、ある一人の国家指導者の不満とか野心が時代精神に一致して、それが戦争に転化されていくことは地政学的にも戦争学的にも常にあったことで、それはすごく理解できます。しかし私は今回の戦争はむしろ、伝統的戦争の最終的なフェーズであった第二次世界大

ウクライナの独立時代と被支配時代

★独立時代　◎被支配時代

時代		事象
BC6世紀		黒海北岸にスキタイ人国家成立
BC260年頃		サルマート人の侵入
AD4世紀		フン族の侵入
4−6世紀		東スラブ族が中央から東方に拡大
8世紀末頃	★	キエフ・ルーシの成立（キエフ公国）
988年	★	ウラジミール公がギリシア正教を国教とする
1037年	★	聖ソフィア寺院建設
1240年	◎	モンゴル軍がキエフ攻略
1340年	◎	ポーランドが東ガリツィア地方を占領
1362年	◎	リトアニアがキエフを占領（ポーランド・リトアニア共和国支配）
1550年頃	◎	ヴィシネヴェツキがドニエプル川下流にコサックの本営を建設
1648年	★	ポーランドからの独立戦争
1654年	★	モスクワ大公国と対ポーランド共闘（ペレヤスラフ協定）
1667年	◎	モスクワとポーランドがウクライナを分割（アンドルソフ講和＝ドニエプル左岸とキエフがロシア領）
1709年	★	ロシアからの独立戦争
1764年	◎	ロシアがウクライナの自治を廃止
1853-1856年	◎	クリミア戦争（クリミア半島の多国籍化―西欧・露・土）
1914-1917年	◎	第1次世界大戦に蹂躙される
1917-1919年	◎	ロシア革命下の内乱
1919-1921年	◎	ポーランド・ソビエト戦争に蹂躙される
1922年	◎	ソ連邦成立下に帰属（ウクライナ社会主義ソビエト共和国）
1932年	◎	スターリン政策による大飢饉で数百万餓死
1939-1945年	◎	第2次世界大戦
1939年	◎	独・ソのポーランド分割でウクライナ全土ソ連邦帰属
1941-1944年	◎	独・ソ戦下ドイツ占領下（一時期の独立）の過酷な激戦地化（独・ソによる大量虐殺）
1954年	◎	ソ連がクリミアをウクライナ領へ移管
1986年	◎	チェルノブイリ原発事故発生
1989年	◎	冷戦終焉・ソ連邦崩壊（1991年）
1991年	★	ウクライナ独立（1996年憲法制定）
2004-2014年	★	オレンジ革命・マイダン革命（親露政権打倒）
2014年	◎	ロシアによるクリミア併合・ドネツク／ルガンスク人民共和国宣言（2022年ロシアが承認）
2021-2022年	★	ウクライナ危機・ロシア侵攻

在ウクライナ日本国大使館ウェブサイト年表を参考に作成。

戦に重ねることができるという認識を持っています。プーチンにヒトラーを重ねて見ているのです。

それは私が、プーチンの精神が衰弱して持たなくなってしまうのを期待しているからでもあります。ヒトラーは、部下が言うことを聞かなくなっておかしくなった。「プーチンの戦争」に似ていますが、ヒトラーは独ソ戦争勝利まで五か月、早くて一〇週間と楽観視していました。

しかし、特にモスクワ攻めに失敗し始めると、旧東プロイセンのケーニヒスブルグ（現ロシア領カリーニングラード）の森林の中に東方政策最前線司令部となる防空壕《ぼうくうごう》や前線基地「ヴォルフスシャンツェ（狼《おおかみ》の巣）」を構築してそこで指揮をとっていた（一九四一―一九四四年）のですけれど、そこは暗くて昼夜が分からなくなるのです。そうするとヒトラーは不眠症になり、部下は深夜までヒトラーに付き合わなくてはならなくなる。とうとう胸痛を訴えたヒトラーは、医者から病名（冠状動脈硬化症）を告げられずに投薬を受け、薬を飲んで寝るようになる。それで、医者もヒトラーがおかしくなってきている、自律神経失調症ではないかと思うほど、正常ではなくなっていく。作戦の形勢も劣勢、敗戦が重なっていくにつれて、部下は言うことを聞かなくなる。悪循環が繰り返されるとヒトラーの精神的ダメージも大きくなり心身を壊していきます。

連合軍が盛り返し、パリ市内に入ってきたときには、ヒトラーは退却してもいいからパリを焼き払えと言うのですが、部下は従わない。副総統をしていたルドルフ・ヘスに至っては、単身、飛行機でイギリスへ渡って、ヒトラーに断りなく勝手に停戦交渉をしたりもする。

伝統的戦争の時代とは違って、現在は国際システムなどによって、国際社会の諸事象は地政学的につながり、かつ宇宙やサイバー空間にまで広がりがあります。移動距離が長くなり、かつ所要時間が短縮されたことや、通信や移動手段が発達したことによって、戦争が極めて身近なものになっています。それこそ朝ご飯を食べながらウクライナの戦闘を見ている。キーウの市民が、あるいはリビウの市民が、自分の家がなくなった、子どもが死んだと泣いているのを、ご飯を食べながら見るような時代になっている。それが今の戦争なのです。それに対して同情はするけれど、何もできないと悔しい思いをしている。気分が他人事《ひとごと》ではなくなっていくのですね。

日本の場合は、「所与の国家」と私は名づけているのですが、もともと日本列島があるところに国ができ上がった幸せな民族なのです。誰かに国土を奪われたこともないし、自分たちで奪った国土でもない。ですから日本人には、大陸で行われている戦争の形態が全然理解できていないのです。しかも先の戦争体験者がいなくなって、戦争学から遠ざけられ軍事に疎くなっていますから、はっきり言えばノー天気なのです。政治家からしてそうなのです。

ロシアのユーラシア主義と中国の一帯一路が合体すると

地政学的にはおかしいと言われるかもしれないので、ご指導いただきたいのですが、冷戦構造崩壊の直後に、モスクワ大学にアレクサンドル・ドゥーギンという地政学の学者、政治思想家が戻ってまいりまして、新《ネオ》ユーラシア主義[*6]を主張し始めます。プーチンがいたくこれを気に入りまして、「将来のロシアはどうあるべきか」ということをテーマにして、ドゥーギンが論文を書くのですが、それは「ロシアはヨーロッパでもアジアでもなく、ユーラシアに存在する」というユーラシア主義の拡大を主張するものでした。

＊6　プーチン主導、ロシア核心の「ヨーロッパとアジアと太平洋地域を結ぶ思想」、ロシアの「ユーラシア連合」政策は歴史的、地政学的、そして文化的な文脈で国家統制型経済や宗教を基盤とする世界観を前提とする伝統的な価値観を共有し「大ユーラシア・パートナーシップと一帯一路の連結」を目指す。

まず元のソビエト連邦の範囲だけでユーラシア経済連合（二〇一五年発足）をつくりました。

しかし、それだけではなにせ貧乏な国ばかりなのですからドゥーギンは、〝ロシアは日本とドイツを引き込まなければいけない〟として、二〇一三年ごろですが、領土問題ではドイツと日本に妥協してもいいじゃないかとプーチンに言うのです。これは旧東プロイセンのケーニヒスブルグ、第二次世界大戦ドイツ敗戦後、ロシアが分捕りカリーニングラードと名前を変えて領有した問題と、それから北方四島の問題だろうと思います。そういうところを日本国政府はまったく嗅ぎつけていないし、政治家は勉強不足。だから機を失してしまうことが多くある。ところが、ドイツのメルケルはその辺をしっかり押さえていて、まず経済的にということで、ノルド・ストリーム計画ワン・ツー[*7]をやったのです。今はそれが経済制裁上悩ましい問題になっているわけですけれども、当時は見事にロシアとの接点をつくっていくわけです。

＊7　ドイツがロシアからバルト海海底に天然ガス・パイプラインを敷設する計画で、「ワン」はロシア国営企業ガスプロムが株主のノルド・ストリーム社が所有、「ツー」はガスプロムの子会社のノルド・ストリーム2AG社が所有運営する二系列のパイプライン。

今回の戦争が新ユーラシア主義に沿っているとすれば、元のソビエト連邦に含まれていた国が外へ出てしまうのは地政学的、勢力的に極めて問題があるのが理由の一つです。NATOとの対峙で安全保障上の安定にも問題が生じるというのは理解できます。

そうなってくると、次に発生するのが中国問題です。中国にはチャイニーズ・ドリームという戦略があり、具体的には一帯一路が非常に盛んに進められているわけですけれども、ロシアの新ユーラシア主義と中国の一帯一路が合体すると、理屈の上では非常にうまくいくのです。お互いが利益を共有できる。いわゆる価値観も共有してしまうのです。そうすると旧西側にとっては経済も安全保障も対峙するという、とんでもないことになると思っております。

プーチン一人の考え方でやっているロシアと、プーチンと同じように一人の考え方で進めている習近平の中国が、こうして一緒にやろうかということになると、対抗国にとっては極めて厳しい競争、競合相手になります。プーチンのロシアがウクライナに侵攻している戦争をやめさせたい側としては、厳しい冷戦の次の「新たな戦争」の形が生まれてくるのではないかと感じております。

そういった意味では、大事なのは、この戦争をやめさせることはもちろんですが、戦後の秩序をどう回復するかということです。通常、戦後秩序の回復は、勝った側が負けた国に対して、その意思を強制するものであったわけです。今まではそういうことが多い。第一次世界大戦では、それがドイツにインパクトを与えたからヒトラーが反旗を翻すわけです。第二次世界大戦後は、国連をつくってドイツと日本が監視下に置かれるわけです。

それを考えますと、戦後秩序の形成で成功した例というのは、三〇年戦争（一六一八―一六四八年）の後、敵も味方も一緒になって戦後秩序をつくったウェストファリア体制しかない。その後は全部、勝者が敗者に対して勝者の意思を強制する戦後秩序だったのです。ただ残念なことに、ドイツのミュンスターとオスナブリュックで行われた、この世界初めての大国際会議を提唱したプレーヤーを、私は知りません。「プーチンの戦争」を終わらせる上で、これは大きなヒントになると思います。

本日は、どういう戦後秩序が考えられるのか、皆様の考え方をお聞きしたい。そういう中で日本国、日本人が役割を果たせる何かが生まれてくるのであればもっとすばらしいと思っております。

第二章

新しい国際秩序は形成できるか、その条件は何か

2021年7月1日、中国共産党、創立100周年式典での習近平主席　写真：新華社／アフロ

2022年7月31日、ロシア海軍の日。サンクトペテルブルクでの海上軍事パレードに参加したプーチン大統領

写真：AFP／アフロ

柳澤　大事なテーマが提示されていますので、順次、議論していきますが、その前に、まず伊勢崎さんが紹介されたロシアの研究者のお話について伺っておきたい。プーチンは何を考えていたのかという問題です。

戦局はそのロシアの研究者のお話の通りに動いているわけですが、ではプーチンがそもそもそう考えていたということは、私たちだけが知らなかったというだけでなく、バイデンだって多分知らなかったのではないかと思います。ただ、そうであればあるほど、東部二州で何らかの手柄を立てようという目的のために、あんなに大勢の人を殺すような戦争をやるということが、余計に許し難い感じになってしまう。でもそれは、そういう指導者がいて、そういう戦争を起こしている現実があるというしかない。

これって本当に、何というのか、本当にどうしようもない状態に置かれているというか、情状酌量すべき余地、同情すべきものがまったく見えないのです。ロシアの側、プーチンの側には。その点はどうなのでしょうか。

伊勢崎　僕は戦争をやる指導者はすべて悪魔だと思っています。プーチンであれアメリカの歴代大統領であれ、そこはどの国の指導者でも同じです。今回のプーチンが、〝より〟悪魔なのは、戦後の「復興」の全責任を負うようなことはしないだろうということです。負うのは、戦争の結果として実効支配を恒久化させる限定的な地域だけ。戦争の勝利者には、復興の責任という問題が付随します。二〇〇一年にタリバンに勝利して、その後二〇年間の復興の泥沼に陥ったアメリカ・NATOのように。

冷戦時代のソ連はアフガニスタンに侵攻して、同国を焦土にした後、戦争を一方的に終結させて撤退し、戦後賠償の責任を一切果たしませんでしたが、プーチンは、ゼレンスキー政権のレジーム・チェンジはあえてせず、破壊するだけ破壊して、その復興の責任を西側に押しつける算段だと思います。今回のウクライナ戦争を「自由と民主主義」のための代理戦争と位置づけ、徹底抗戦のため武器だけを供与し戦争継続を支援したアメリカ、全NATO・EU加盟国は、もはや復興の責任から逃れられません。日本も、です。僕たち西側の人間は、プーチンの「ブラフ」にまんまと乗せられている気がします。

柳澤　ロシアに同情する議論をする人の中には、プーチンはNATOの東方拡大に対して非常に恐怖も感じていたし、不満を募らせていたのであって、それに寄り添わなかった欧米が悪いという人もいます。けれども、プーチンは二つのことを言っているのです。NATO拡大のことと同時に、東部二州でウクライナによってロシア系の住民が迫害を受けていて、だから解放しなければいけないと言っている。実際にあの地域では、ロシア系とウクライナ系の人たちが争っているから、多少の暴力沙汰は当然あるのだろうとは思います。けれどもそれがこんな戦争をするまでの脅威かというと、私は全然そうだとは思わない。プーチンがその二つの理由を挙げて戦争を正当化しているけれども、何というか、彼の考えている本当の戦争の動機はそれとは違うと感じます。

伊勢崎　今おっしゃったのは戦争の大義の問題ですよね。ロシア国民に対してもそう説明している。それが本当にプーチンの個人的な動機かどうかは、本人に聞いてみないと分かりません。だけどそれが大義になったのは事実です。そして、戦争には常に大義が必要です。国民の支持を集め、権力を維持するために。

1　大国に任せない国際秩序は形成されるか

イラク戦争その他の戦争と違いはあるか

柳澤　今回の戦争がどう終わるのかはまだ見えてきませんが、どうなるにせよ加藤さんがおっしゃったように、第二次世界大戦後の国際秩序が破局を迎えたという面があります。ですから、それに代わる新しい国際秩序が形成できるのか、できるとしたらその条件は何かという問題が検討されなければなりません。

そのためにも、今、伊勢﨑さんがおっしゃった大義のことが大事です。侵攻したロシアに大義があるのかということになると、二〇〇三年三月に開始されたイラク戦争のことを思い起こします。あの戦争の大義となったのは「イラクが大量破壊兵器を開発している」ということでしたが、結局それはなかった。同時にあの戦争は、まさにレジーム・チェンジ、政権転覆を掲げた戦争でした。そして、違法な戦争なのに誰もアメリカを制裁もできないし、誰もアメリカを止められない。

しかし、大量破壊兵器が口実になったという意味でいうと、違法だけれどそれなりの正当性はある、といった捉え方があったわけです。けれども、今度のロシアのウクライナ侵攻の場合は、国連憲章違反という点は一緒だけれど、プーチンの言い分はロシアの中でしか通用しない話なのです。ただし、国連憲章違反という点で言えば、そういう戦争を大国はどんどんやってきているので、違いを見いだすのは難しい。

伊勢﨑　難しいです。いわゆる国際法違反、国連憲章違反、武力で現状を変更するという現在も進行する事例はほかにもある。例えばイスラエルによる東エルサレム、ヨルダン川西岸地区、ガザ、そしてゴラン高原の占領。そして、いまだに続く入植活動。

柳澤　大国ではない国でも、あるのですよね。

伊勢﨑　はい。同じロシアによるものでも、二〇〇八年のジョージア侵攻、二〇一四年のクリミア併合も。国際社会は大変に危機感を募らせたけれど、アメリカ・NATOは、今回ほどは動かなかった。総出で戦っていたアフガニスタン戦争で忙しかったという事情もありますが。

平和を担保すべき大国が平和を脅かしているもとで

柳澤　私にもそういうことに無頓着過ぎたという反省はあります。ただ、イラク戦争のときだって、何千万人もの人が参加したと言われる反戦デモがあったけれど、やはり戦争は止められなかった。ただし、それはアメリカの国力やソフトパワーの低下という意味で、アメリカ自身がツケを払うような状態にはなっている。今回の事態もその一つのツケなのかもしれない。

けれども私は、どこの国が悪いという思考方法ではなく、つまり反米とか反ロシアという枠組みで考えるのではなく、この際だから今まで目をつぶってきたことも含めて、とにかく、力を持った国が武力で好き勝手をやるのはいけないという、そういう国際基準をなんとかつくれないかなと思っています。やった後にツケを払わせるのではなく、やらせない国際基準です。

第二次世界大戦後の国際秩序の設計図は、加藤さんのお話にもあったように、大国がそういうことを担保してやるというものだった。けれども、その平和を担保するべき大国そのものが、アメリカも含めて国際秩序を破っている。その現実が今、目の前で起きている。これを放ってはおけないということなのです。

では、そういうときに大国にお願いするだけでいいのかというと、それがもう全然機能しなくなっているとすると、やはり市民レベルの動きが必要です。政府がやらないなら市民がやるしかない。今のところ私の言い方は勢いだけしかないのですが、何かそういう方向を模索していくことが求められます。あるいは核兵器に関する運動もどんどん盛り上げていく。そういう中で、大国の都合だけに左右されないというか、あるいは大国が縛られざるを得ないようなルールをつくっていかないと、人類が危ないという感じを持っています。それはナイーブといえばナイーブなのですけれど。

加藤　そういう意味では、これからロシアの周辺国では、逆に今度はロシアに対する反撃も起こってくるだろうと思います。ジョージアでも、オセチアでもそうでしょうね。

軍事力中心思考だと大国中心の秩序になってしまう

林　この分野は加藤さんがご専門ですが、私の考え方もお伝えした上でお話を伺いたいので、先に少しだけ言わせてください。

先ほど申し上げましたように、第二次世界大戦までは白人の国が弱小国を自分のものにして蹂躙《じゅうりん》していたわけです。白人が植民地支配を続けたり、あるいは統治を投げ出したり、そんなときに被支配地域が混乱しているのです。国連をつくりましたが、でもそれは大国のシステムであって、弱小国の面倒なんかまったく見てない。そこにいらだちと腹立たしさを感じます。

ロシアについて言ってみれば、一六世紀にイワン雷帝が出てから今回のウクライナの戦争まで、南のバルカンとかコーカサスとかクリミアなどにロシアが領域拡大戦争を仕掛けてきたのは、一五世紀以降の年表から読み取ると、冷戦期のカフカス山脈を挟んだ対峙を入れて一四回です。そして一四回目の二〇一四年にクリミアを併合してしまう。ロシアはそういうことをやってきた国なのです。

先ほどは申し上げませんでしたけれども、地政学的にはロシアは不凍港が欲しいので、黒海を基地にして地中海に出ていくということが、一貫して一つの構想として存在します。バルト海から北海に出て大西洋に出るコースというのは、キールの国際運河を通らなければいけないので、ドイツが非常に邪魔になってしまう。それからデンマークとスウェーデンの間は、狭くて通れるところではありません。それから北極海がありますが、ここは氷が解けるまで待たなければいけない。そして次は日本海になるわけです。

先ほど中国とロシアの価値観の共有について申し上げましたけれども、実は二〇一二年の夏（七―九月）になりますが、中国の雪龍号、スノードラゴンという船が北極海経由でアイスランドに行っています。このときにはロシアがこれを警戒し、翌年一一月、日本にツー・プラス・ツー[*1]を持ちかけてきました。日本と一緒になって日本海から中国を締め出そうという意図があったのでしょう。ところが、二〇一四年三月ウクライナ・クリミアのロシア編入問題が生じたことによって、国際社会がロシアを外交・経済制裁したため、これまでの八年間で仲がよくなかったロシアと中国が寄りを戻してしまった。その結果、今度はロシアと中国が日本海を自分

＊1　二国間の外務・防衛閣僚が話し合う仕組み。当初は一九六〇年に始まった日米安保協定に基づく日米間の仕組みであったが、今日では日本と特定国の外務・防衛閣僚が安全保障にかかわる協議を行う場合もツー・プラス・ツーと呼んでいる。

たちのものにしようと協議しています。

　ということになってきますと、ますます大国が強くなって、弱い国をやっつけるという構造ができてしまう。アメリカの地政学者で、地政学的戦略について論考したニコラス・スパイクマンは〝大国が小国を保護するのはそこに大国の国益があるからだ〟と言っております。それは大局的に当然です。このウクライナの問題について見ても、大国が最後まで面倒を見てなんとかしようということについて、私はあまり肯定的ではありません。

　蛇足ながら申し上げれば、日本の出番かなとは思っています。軍事で何かやろうということではなくて、とにかく日本国民がボランティアでウクライナに行って、瓦礫《がれき》を拾ったり家や道路をつくったりすることが大事になってくるということです。

ロシアも建前では国際法を無視できなかったことの意味

加藤　これまで長い間、国家間の紛争、主権国家の間の戦争について見ると、国際法によって制約するという歴史をずっと積み上げてきたはずです。国際人道法をはじめ、さまざまな条約によって戦争を制約してきました。それが今回の戦争によって、ある意味で台なしになったような気がします。

ただしロシアにしても、建前だけかもしれませんが、今回のウクライナ侵攻においても国際法を守ろうという姿勢を見せてはいるのです。侵攻の前に、最初に、ウクライナの東部二州を主権国家として承認したのは、その一つの表れです。承認した上で実際にどのような手続きをしたかということは抜きにしても、侵攻の国際法上の理由として掲げたのは、おそらく察するに二つあると思います。

一つは集団的自衛権です。国家承認することによって、集団的自衛権の行使という口実が成り立つようにした。それともう一つは、東部二州でジェノサイドが起こっているから侵攻するという言い方をしていて、ある意味では人道的武力介入と言われるものになっている。

集団的自衛権ということでは、一九八六年の国際司法裁判所の判決によって、「自らが武力攻撃の犠牲者であるとみなす国家による要請がない場合に、集団的自衛権の行使を許容するような規則は存在しない」とされていて（『国際司法裁判所―判決と意見』国際書院、一九九六年）、「（攻撃された）国家による要請」が不可欠とされています。侵攻のたった一日前の国家承認でいいのかという問題はあるけれど、「要請があった」ことにして、軍事侵攻した。形式論的にはロシアもいちおうの手順は踏んだのです。プーチン大統領はグテーレス国連事務総長との会談では、集団的自衛権で侵略を正当化しています。

人道的介入という点では、今回のウクライナの問題を過去の紛争と比較するならば、比較の対象の一つはコソボ紛争[*2]になると思います。コソボでNATOは人道支援を掲げて武力介入しました。もしロシアが、侵攻を東部ドンバス二州だけで収めていれば、「ナチ」のアゾフ連隊からロシア系住民を保護するという理屈は相当程度成り立ったと思います。今回の侵略では、セルビアが当初ロシアに共感を示していました。それはセルビアがNATOによる人道的武力介入を受けたとき、ロシアはセルビアに味方してNATOの武力介入に反対した過去があるからです。プーチン大統領がウクライナ侵攻を特別軍事作戦と名づけた理由の一端は、NATOの人道的武力介入が頭にあったからかもしれません。

＊2　旧ユーゴ連邦セルビア共和国のコソボ自治州におけるセルビア系住民とアルバニア系住民の紛争。一九九八年に衝突が激化し、一九九九年三月にはアルバニア系住民の保護を目的としてNATOが人道的介入の名目でセルビアに七八日間にわたって空爆を加えた。その後コソボはセルビアから二〇〇八年に独立し、アメリカ、EU諸国そして日本も承認した。

国際法もまだ完落ちはしていない

加藤　この二つのことから、ロシアといえども、国際法を頭から無視することはできなかったことが分かります。形式論的ではあるけれども。

アメリカのイラク戦争にしても、多くの人は大量破壊兵器の有無を理由に侵攻したと思い込んでいますけれど、そうではないのです。イラク戦争は、大量破壊兵器の査察に関する一九九八年の国連安保理決議1154、二〇〇二年の1441、そして一九九一年の第一次湾岸戦争の停戦協定（安保理決議687）をもとにしながら、イラク侵攻を正当化したのです。アメリカもやはり国際法に縛られていたのです。

しかし、そのアメリカの国際法解釈を正当とみなせる国際法学者など、実は一割もいなかった。無理筋の話だったのです。今回のロシアの侵攻も、同じように国際法上無理筋の話なのです。

でも、アメリカもロシアも、国際法を端から無視することはできなかった。そういう意味において、国際法もまだ完落ちしてはいないという希望は残っているだろうと思います。これをもう一度、どこまで立て直すことができるだろうか。そういう見地で考えなければなりません。実際、先ほど引用した国際司法裁判所判決には以下のような箇所があります。「国家が一見したところ承認された規則と一致しない行動を取るときでも、規則そのものの枠内で例外または正当であると訴えて防御につとめるならば、その国家の態度の意味は規則を弱めるというよりは確認することになる」。国際法の枠組みはかろうじて維持されたといえます。

それと、極めて皮肉な話ですけれども、ロシアがウクライナの中立化を持ち出してきたことによって、これはソ連のアフガニスタン戦争によく似ていると思いました。一九七九年一二月、ソ連はアフガニスタンのアミン政権を倒した上で、カールマルというどこの馬の骨とも知れない人物を連れてきて、あっという間にカールマル親ソ政権をつくりました。それからレーガン政権が支援した「自由の戦士」(今でいえばタリバンです)との間で反ソ武力闘争が始まり、結局ソ連は八年間も戦うことになったのです。

もう一つ、ロシアが持ち出している非武装化という問題は、日本にとって極めて深刻な思想的問題を提起していると思います。非武装化というのは、戦後、憲法九条として我々が選び取った(あるいは押しつけられた)ものです。それを今、ロシアがウクライナに対して、武力で「憲法九条」を押しつけているようなものです。現在、日本の国内において左右に改憲、護憲をめぐる思想的混乱が起こっているのは、そういう事情があるからではないでしょうか。

林　イラク戦争をめぐって、アメリカが戦争の根拠としてイラクによる核兵器など大量破壊兵器の保有の問題を提示したことを重視するのは、あまり正当な議論ではありません。もしも核兵器があったらどうなるかというと、イラク戦争は正しかったことになってしまうわけですし、国家の主権にかかわる事項に他国がどこまで介入するかは悩ましい問題です。大国がパワー・ポリティックスを行使して弱い者いじめをする、そういうのは、はなから間違っているのです。

この問題は、やはり国際法上どうなのかという角度で、本格的に議論しなければいけない問題だと思います。我々に唯一希望があるとするならば、加藤さんがおっしゃったように、ロシアもやっぱり国際法を一〇〇%無視できなかったという、多分その一点だろうと思いますね。

敗者が勝者の言い分を受け入れる戦後秩序とは

柳澤　まさに今、国際法が「首の皮一枚」になっていることに、世界が気づいたということだろうと思います。一方でそれを、大国の好意に依存して立て直せるかというと、そういうことを親切にやってくれる大国はもういなくなってしまっている。そういう時代ではなくなったのが現在です。でも、誰かがそれをやっていかなければ、本当に世界はまったく無秩序な状態になってしまいます。昔と違って核兵器もあるわけで、そんな世界が無秩序になってしまったら大変なのです。

加藤さんが言われたように、ロシアがウクライナに求めてきたのは、要は中立化と武装解除です。後者の非武装化というのは、結局、無条件降伏を迫ったわけです。ウクライナでは勝ち負けがついてないけれども、戦後の秩序というのは、こうやって勝者が敗者に押しつけるわけです。ただ、その流れで見ると、確かにソ連が崩壊し、冷戦が終結した後、ＮＡＴＯが東方に拡大していったというのは、勝者であるアメリカが敗者であるロシアにそういう秩序を押しつけようとしたことです。でも、敗者の方がそれをよしとしなかった。

これは、先ほど議論したように、第一次世界大戦の戦後処理の中から第二次世界大戦の火種が生まれたという議論と似たところがあります。だからそれを教訓にするとすれば、イギリスの歴史学者マイケル・ハワードの考え方ですが、戦争が避けられないとしたら、よい戦争をしなければいけないということです。よい戦争とは何かというと、敗者が勝者の秩序を喜んで受け入れる、勝者の言い分を聞くことに不満を感じない、それどころかそれに喜びを感じるような、そういう秩序をつくらなければいけないということです。それをどう見いだしていくかというのが、すごく抽象的ではあるのですが、これからの課題になってくると思います。

ウクライナが提案しているのは、別に核兵器を持たなくてもいいし、軍事同盟に入らなくていい、外国の基地を置かないという中で、ただ最低限の専守防衛の自衛力は持って、かつそれを国際的な枠組みで保証してくれ、主要な関係国が保証人になってくれというものです。これは、今世界が抱えている問題に対して、一つのお手本を提示しているのではないか。

2　中露対西側という対決構図をつくらないために

国際法が無視される時代での戦争の抑止とは

林　加藤さんは先ほど、今までやられてきた戦争には法的な裏づけ、理屈というものがあるということをおっしゃっていました。けれども、そんな国際法など無視して戦争が行われている現実も存在するということが、一般的には言えるのではないでしょうか。例えば、中国が勝手に南沙諸島で島をつくっているのもそうですし、竹島に対する韓国の態度もそうだと思います。国際的に非難されても、全然けろっとしているわけです。はっきり言えば、そういった国がみんな団結し始めているのではないでしょうか。

しかも、戦争ということ自体に、新たな概念が加わっている。ウクライナの戦争をめぐっては、NATOも直接には参加していないけれども、武器の供与と称して、兵器を無尽蔵に与えています。

柳澤　事実上の参戦行為ですよ。それは。

林　そういった一つの新たな戦争のタイプが出てきてしまっている。自分が参戦しなくても、戦争に関与するようになっている。

ですから、そういった面からしても、今お話がありましたけれども、国際社会における法的な体系の中で、このような戦争を回避するとか、あるいは抑止していくということが、極めて難しい時代になってきているのではないかと思います。

ロシアが非友好国としたのが四十数か国だった意味

伊勢﨑　さっき林さんが北極圏の話をされたでしょう。それが新たなもう一つの戦争の火種になると思います。地球温暖化の影響を一番受けているのが北極圏です。一年のほとんどが氷で覆われ、航路が閉ざされている北極海の氷が急速に溶けている。あと一〇年もすると、年間を通して通行できるようになる。そうすると、今までのように原子力潜水艦だけでなく、ほかの兵器も投入できる状況になる。これは地政学上の大きな変化です。さらに中国経済にとって「北航路」は、マラッカ海峡を通る南航路に代わり、アメリカから干渉を受けないロシア沿岸を通り、行程を三分の二に短縮させるのですから。ロシアの永久凍土の下に眠っていた資源の共同開発も進む。これが、中国の一帯一路構想と同時に進行してきたのです。中国の一帯一路の完成は、今世紀の中ごろでしょう。

林　そうです。目標は現在の中国建国一〇〇年を迎える二〇四九年です。

伊勢﨑　中国は、北極圏の「一帯一路化」に向かって、グリーンランド、アイスランド、ノルウェーへの投資を強化してきました。だから、ロシアと中国を中心として閉じた巨大な経済圏の出現は不可逆的な歴史の流れであり、ウクライナ危機を契機に、その結束はさらに強化されていく。

経済制裁の問題についてお話しします。経済制裁史上最大のものになったのが、現在のこの経済制裁です。プーチン政権をそれなりに弱体化はさせたし、これからもさせるでしょう。しかし、忘れるべきでないのは、ロシアは二〇一四年のクリミア併合からずっと経済制裁下で、民衆は不可避的に耐久性を身につけているという指摘があることです。プーチン政権だけではなくロシア社会が弱体化してしまうと、ロシアの内からの変革の可能性にどういう影響をもたらすのか。ひょっとして、僕たちが期待するものと逆方向に向かうのではないか。

結局、ロシア社会への兵糧攻めなのですが、北朝鮮も、イランもそうされてきました。でも、制裁の最終目的である核は放棄させられていない。ロシアは、これらの国と全然〝懐〟が違います。巨大な資源国ですから。

国際社会が行う制裁とは、悪い政権の弱体化を目指すことが目的であり、ただでさえ貧困に喘《あえ》ぐ民衆をさらに痛めつけないように、どう人道的配慮をするかがいつも問題になります。だから、政権内の加害当事者をピンポイントでターゲットにして、資産凍結や入国拒否などを科す制裁は、「標的制裁」として、一般民衆を困窮させる経済制裁と区別して実施する必要があります。

なにより、経済制裁によるロシア民衆の窮乏の怒りは、果たしてプーチンに向かい、レジーム・チェンジが達成されるのか。それとも、経済制裁を強いる西側の我々に向かい、逆にプーチンの求心力を高めてしまうのか。これを見極める時期に来ていると思います。僕は、前者になる可能性は極めて低い、というか、ゼロであると思います。

確証のないシナリオを前提に、経済制裁がプーチンに戦争を放棄させる圧になると信じるのは、希望的観測が過ぎます。それが「プーチンを選んだおまえたちロシア国民が受けるべき代償だ！」と言えるかもしれませんが、それは非人道的です。そもそも連座、もしくは集団的懲罰の禁止はジュネーヴ諸条約上の基本的な考え方のはずです。

一方で、経済制裁に対抗する措置として、ロシアは「非友好国」を宣言していますが、それは今のところ日本も含めた四七か国になっています。これは別の視点で見ると、世界の大半はロシアの友好国、つまり経済制裁に加わっていないということを意味しています。特に中東とアフリカ諸国です。

これらの国にとって、ロシアとウクライナは、穀物そして化学肥料の最大の輸入先でした。今回の戦争で、それらの値上がりの皺寄《しわよ》せは、そういう貧困国を直撃します。異常気象、コロナ禍に拍車がかかる打撃です。これは、即、地球規模の飢餓を意味します。もはや、この戦争の被害者はウクライナ国民だけではないのです。

そのような国々は、当然、「民主主義対専制主義」のような陳腐なプロパガンダに惑わされることなく、生存のための手段を選択します。中国、そしてインドを経由する巨大な経済圏の一員となっていくでしょう。

今回の戦争が決定的に生んだ新たな分断の中で、それでも世界を貫く秩序をどう構築していくか。この議論を我々はここでしているわけですね。今までの国連の役割はどうか。それはどう変わるべきか。国連に代わるものがあるのか。

僕はやはり、慣習法としての国際法に望みを託す立場です。まだ完落ちしていないという立場ですね。でも半落ちしてしまったのだから、「国際法の穴」を埋める作業に取りかかるべき、と。つまり、新たな国際条約・協定・規定の成立という形で。

中国にはロシアの仲間だと思われたくない側面も

柳澤　中国とロシアが経済面でも連携を深めて、世界経済の分割が不可避になってくるというのは、真剣に考えておかなければならない問題です。この二国が本当に連合して、アメリカのつくってきた国際秩序を覆そうとする、あるいはそれに対抗するような形のブロックになっていくと、これはもう経済面での分割に止まらなくなる。政治面でもイデオロギー面でも、アメリカ圏と中露のグループに分割され、その他のアフリカとか中南米などがどちらにつくかとか、そういう状況になってくる可能性があります。その流れを止められないのかということも、もう一つ考えておかなければいけない。

そういう意味で、私は、米中がウクライナ問題をめぐって何回か議論していることに注目しています。米中の対立の一丁目一番地は、むしろ台湾の方にあるわけですが、ウクライナ問題をめぐってアメリカは中国に向かって、ロシアに対する軍事援助をするなとか、経済制裁の抜け道になるようなことをするなという注文をつけている。中国にしても現在、軍事援助にまでは踏み切っていません。国際世論の反発を考えると、ウクライナに侵攻しているロシアの仲間だとは思われたくない部分がある。けれども一方で、ロシアへの制裁が奏功して、ロシアの体制が崩壊するような状況になってては困るわけです。

もちろん、一丁目一番地の台湾問題を正面に押し出してしまうと、米中の間では対立ばかりが目立ってくるのかもしれませんが、すべての問題で深刻な対立があるわけでもない。だから、このウクライナ問題をめぐって、米中の間で、お互いにそろばん勘定でいいのだけど、どこかに共通の相場観が少しでも導き出せるようになればいいと思うのです。中国をロシアの方に一方的に追いやってしまうことなく、何らかの相場観が米中で形成される可能性もあるのではないかと期待をしているのですけれども。その辺は難しいのでしょうか。

アメリカに対抗する勢力が団結しているというのも、意図的に進んで団結しているというよりも、アメリカに指図されたくないというところで団結するのだと思うのです。そこをうまくカバーしていかなければいけない。

自由・民主主義対専制主義の対決構図は間違い

伊勢﨑　「自由と民主主義」を大義とする日本を含む西側の団結。これとまったく同じ大義を掲げて二〇〇一年、アメリカとNATOはアフガニスタンに攻め込み、二〇年かけて二〇二一年八月に大敗走したのですね。その戦争の直接の犠牲となった隣国パキスタン、そしてインドでは、そんなマヤカシの大義には、まず大多数の国民が乗らないでしょう。

　インドは、冷戦時代に非同盟主義という政治理念を世界で主導し、「俺たちは俺たちの味方だ」と憚《はばか》らない筋金入りの国です。今日では、中国に迫るスーパーパワー、そして世界最大の民主主義国家です。独立以来の戦争相手であるパキスタンとともに、今回の経済制裁に参加していません。同時に、印パ中、この三か国は核保有国ですよ。そして、カシミールの領有権をめぐって三《み》つ巴《どもえ》で陸戦を展開している。しっかり認識しなければならないのは、こういう、それぞれに戦争を抱え、自我が極端にとんがった国々が、ロシアと共栄する道を取り始めている。しかし同時に、それぞれが欧米と、同一ではない、緊密で緊張感のある付き合いを維持しているのです。

柳澤　そうなのです。中国を見ても、西側との経済的なお付き合いはまだまだ切れないわけです。そこをなんとかうまく使っていけないかということです。

　その場合、大義となっている自由と民主主義をどう捉え、どう扱うかが大事だと思います。アメリカにはずっと、自由と民主主義は武力で押しつけられるものだと思っていた勘違いがあって、それがアフガニスタンやイラクにおける戦争の失敗があったために、いっそう説得力を失いつつあるわけです。にもかかわらず、私がちょっと気に入らないのは、バイデン大統領が、国連総会でロシア批判の決議が相当な多数で可決されたときに、これは専制主義に対する勝利だという言い方をしたことです。だからアメリカはダメなのです。

あの決議に棄権をした国が三五か国あるのですが、イランやキューバも棄権しているのです。反米を旗印にした国も、ロシアの侵略行為を支持はできなかったということです。

そこにこそ注目して、どうやって世界をまとめるのかを考えるべきなのであって、そこで自由と民主主義か専制主義かという対立軸を立ててしまうと、あの決議に棄権した国も敵に回してしまう。そこはぜひ、アメリカが自ら反省しなければいけないところだと思うし、日本ももっとアメリカに忠告しなければいけないところだと思います。

どちらにしても、なんとか中国を決定的に敵にしないように考えることが大事です。米中間では現在、新冷戦などと言って、経済面での対立が深刻化しています。そこには仕方がない面もあるのだろうけれど、グローバル経済がこれだけ相互依存が進んでいる中で、これほどの対立はお互いに相当の痛みをともないます。だから、経済的な要素を上回るイデオロギー対立の要素があるとするならば、それをむしろどう弱めていくかを考えなければなりません。本来なら、みんなで取引した方がいいに決まっているのですから、そっちの軌道に多少とも戻すような方向性が取れないかということが、甘いかもしれないけど、やはり常識的な発想ではないかと思います。

3　国連総会の役割を重視することが重要である

ロシアが非友好国に指定した国のGDP合計は世界の七割

加藤　今回の戦争でロシアに対して経済制裁を仕掛けたことで、ロシアが対抗して「非友好国」を指定しました。それが全部で四七か国ありまして、伊勢崎さんは先ほど、それ以外の国の方が多いのだという話をされました。しかし一方で、その四七か国のGDPの合計は世界のおおよそ七割です。残りは、中国が一五%、ロシアが二%ですが、おそらく今年中にロシアは一%以下になる可能性があります。そうすると、経済的に見ると、中国はロシアを当てにすることはできません。だから、現在の世界の構図は、一五%と七〇%の対決になっているということです。

北極海の氷や永久凍土が溶ける将来を見据えれば、ロシアはひょっとしたら宝の山かもしれないですが、それを期待してシベリアに投資できるだけの余力が中国にあるとも思えない。そうすると、中国はどう考えても、非友好国、七割のGDPを持っている国との経済関係も切り離すことはできないのです。これが事実なのです。

それでも政治的にはどうなのか。私は長年、紛争の一般理論化を考えてきました。結論から言うと、物事は、西洋的な発想に立つ限り、必ず二項対立になるのです。この二項対立は、イデオロギーがあるから二項対立しているのではなく、二項対立があるから、その二項対立を正当化するためにイデオロギーがつくられているのです。

なぜ二項対立になるのか。すべてのモノ、コトは二項対立の相互作用から成り立つという思考の元をたどっていくと、ゾロアスター教[*3]にまでさかのぼります。結局、イデオロギーとは一切関係なく、最終的には中国が大国化すれば、二大国間の相互作用として必ず米中対立は起こるということです。

＊3　予言者ゾロアスターを開祖とする古代ペルシアの民族宗教。善悪二元論を取る。キリスト教に影響を与えたといわれる。

だからといって、では冷戦のようになるかというと、そうはならない。なぜかといえば、今述べたように、ロシアに経済制裁を科している国がGDPで世界の七割を占め、中国は一五％に過ぎないからです。さすがの中国も、これを無視してロシアにつくという選択肢はないと思います。だから、冷戦構造にはならないけれど、対立はするがどこかでお互いに協力するという、多分そういう国際秩序が生まれてくるのではないかなという気がします。

柳澤　それを秩序と呼べるような予感はまだありませんね。でも、だからこそ、お互いの相場観の共有が大事なのです。

南アフリカが国連総会の決議に棄権したことの意味

伊勢﨑　加藤さんが紹介したGDPから見る世界の力関係の話は、それはそれでその通りだとは思います。しかし、人生の大半を、いわゆる貧困国に捧《ささ》げてきた僕としては、生理的に違った感覚があります。なんだかんだと言っても先進国のGDPを支えるのは、資源産出国でもある、そういう貧困国ですから。

繰り返しますが、今回の戦争の被害者は、もはやウクライナ国民だけではありません。すでにウクライナやロシアからの穀物の輸出が滞っていて、アフリカをはじめ世界の人々、とりわけ貧しい人々が飢餓に陥ろうとしています。これから被害が拡大するであろう世界規模の飢餓を止めるためには、ウクライナが同国東部の帰属問題でプーチンという悪魔と妥協しなければならない事態になっても、それは全人類が共有しなければならない痛みと受け取る感覚が、僕にはあります。

対ロシア非難について国連総会で採択された決議が二つあったでしょう。一回目のときは、棄権する国が三五でしたが、二回目は三八に増えてしまったのです。

一回目のときに、あの南アフリカが棄権に票を投じましたが、それは実に象徴的な出来事でした。南アフリカは、アパルトヘイト[*4]問題を克服した国として、歴史にその名を刻まれている国です。今のウクライナと同じように、世界を熱狂的に二分しました。当時アパルトヘイトに立ち向かった闘士たちと、ソ連との結びつきは深いのです。冷戦中に、アフリカ民族会議（ANC）は、アメリカのテロ組織リストに載せられていました。あのネルソン・マンデラですら、同監視リストから正式に外されるには、二〇〇八年まで待たなければならなかったのです。ロシアが自負するように、「ソ連は反植民地主義と反人種隔離主義の最大の後援者」でした。そういうかつての闘士たちが、現在の南アフリカの政治の中枢にいるのです。

＊4　アフリカーンス語で「分離、隔離」を意味する言葉で、特に南アフリカ共和国における白人と非白人の諸関係を規定する人種隔離政策のことを指す。

一回目の棄権に当たって南アフリカ国連大使が国連総会で訴えた声明をカバーしたのは、当日の国際報道の映像ベースの速報では、アルジャジーラしか見当たりませんでしたが、その内容は傾聴に値するものでした。〝無辜《むこ》の一般市民（条約・法律用語としては「文民（civilian）」に当たる）を犠牲にし続ける暴力の連鎖を一刻も早く止めるために、ウクライナ、ロシア両者の「対話」が必要〟であること。そして、〝このような非難決議は、対話に必要となる環境をつくらない〟とも。棄権ではありながら、この国連総会決議に対する実質上の異議申し立てとも取れる内容でした。

どんな形であれ、いつの日か戦争は決着します。でも、その直後から、敵対し殺し合った民族同士の「和解」が、安定への決定的な課題になります。対立が再燃し、また戦争が起きないように、南アフリカでは、人間が殺し合うことで過去から積み重なった軋轢《あつれき》を「和解」で克服した経験値が、アパルトヘイト撤廃後の国是となっています。

二回目の決議では、実は、その最初の草案は、南アフリカが起草したものだったのです。その草案では、ロシアの名前が出てこない。ロシアを名指しせず、ウクライナの人道危機に対してみんなで何かしようという草案でした。そういう内容ならば、反対も棄権もなく全会一致で決議されるのではないかと考えたのでしょう。でも、ウクライナ代表を中心に猛烈な反対で潰され、ロシアを名指しした非難決議案がつくられ、結果として棄権が三か国増えてしまった。

柳澤　そこを深めていくことも大事ですが、だからといって、主権国家として画定した国境を乗り越えて軍事介入してはいけないということです。その視点を欠かしてはならないと思います。

伊勢﨑　はい。もちろんです。冒頭で言いましたように、この戦争が、あたかも二〇二二年二月二四日に〝突然〟始まった侵略行為という印象操作が存在するということを、まず意識する必要があります。

プーチン大統領は、東部のドネツク、ルガンスク両州でウクライナ軍によるロシア系住民に対するジェノサイドがあったとして、国連憲章第五一条を根拠に今回の軍事侵攻を正当化しました。同条項は、個別的自衛権とともに集団的自衛権を認めているものですが、ここで再び「集団的自衛権の悪用」が起きてしまったのですね。同胞を救うための自衛権の行使です。

前述の「国際法の穴」とは、まさにこのことです。ロシアの場合、冷戦時代のソ連としてのアフガニスタン侵攻のときも同じですから、今回のウクライナ侵攻で二回目になります。民族自決権などの帰属問題の解決を口実とし、集団的自衛権の建て付けで侵略を正当化する。今回は、両州の人民共和国としての独立を一方的に承認するなど、その建て付けは用意周到でした。

この悪用を二度と繰り返させないために、集団的自衛権に縛りをかける仕組みが必要です。民族自決権という、国際人権規約*5でも高らかに保障されている崇高な概念が侵略に悪用されないために、民族自決への支援を騙《かた》った武器供与を含む軍事介入は一切禁止するとか。これを国連憲章第五一条の改定でやるのか。これは多分できないと思います。それならば、新しい国際協定という形で考えるべきです。核兵器禁止条約のように。これは、NGOという民間の努力によって成立したのですね。そこから始めることはできると思うのです。

＊5　「国際人権規約」一九六六年共通第一条「その政治的地位を自由に決定し並びにその経済的、社会的及び文化的発展を自由に追求する」人民の権利。

柳澤　例えば、ジェノサイドをダメだという条約はもうできているわけですからね。戦争をめぐっても、そういうことをやっていく可能性はあるのかもしれません。

民族自決をどう考えるかは難しい問題である

林　古代戦争以来、人類は、特定の集団を隔離するとか、抹殺してしまうとか、あるいは分断してしまうなどをやってきた反面、植民していくという政策も取ってきました。大国、強い国は植民をして、植民する先の民族を排除していきました。ヒトラーの東方政策もその典型的なものですが、特にバルカンとかコーカサスについては、冷戦時代に、ソ連によってそれが非常に複雑に実施されていたと思っています。

なぜウクライナの東部にロシア系が多いのか、ロシア語を話す人間が多いのかというと、スターリンが、ヒトラーの東方政策と同じように、コサックと呼んでいた軍事共同体、またはその構成員をソ連の外縁防衛に出して、コサックがいなくなったところへロシア人を入植させていった手法が成功したのだろうと思います。そうすると、民族自決をどう考えるかとか、国境線をどう引くかという問題は、私たちが想像する以上に複雑であり、悩ましくなっていったと思います。

したがって、戦争は起きて当然だし、虐殺が起きて、ジェノサイドが起きて当然だし、それが果てることなく続き、繰り返されているのも仕方ないと考えてしまいがちです。

そういう面で、国際社会は、ある地域が地政学的にどういう環境に置かれていて、生存権がどうなっているのかを改めて学習し直して、ある一つの民族がまとまっている国の中にほかの国、他民族が唐突に入っていって元からいた人々を追い出してしまうことで起きる紛争や戦争の火種になっている問題をどう捉え、どう整理するかを考えなければいけないのでしょうね。それが台湾問題やウイグルの問題の解決にも生きてくるという気がします。

伊勢﨑 「民族自決権と集団的自衛権」という問題において、特に西側の国際社会は、とにかくダブルスタンダードだらけでした。その民族自決運動をソ連・ロシアが応援しているか否かによって、扱い方が全然違ってきたのです。その中に、プーチンが主張する東部二州でのジェノサイドの問題があります。ジェノサイドは本当に発生していたのか。

このことに関して二〇二二年の三月一六日に国際司法裁判所が興味深い判断をしました。今回の開戦に当たってウクライナ側は、ロシアが軍事侵攻の根拠としている東部二州でのジェノサイドがあったとする情報はまったく根拠がないものとして、ロシアの軍事行動の即時停止を同裁判所に要求していたのです。それに対して同裁判所は、ジェノサイドがあったとしても、それは軍事侵攻の根拠にはならないとし、ロシア側に軍事行動の即時停止を求めたのです。加えて、ウクライナ、ロシア（当時はソ連邦）両国はジェノサイド条約を批准しており、ジェノサイドに関する同条約の解釈と運用における係争は国際司法裁判所に判断を委ねることができるとする同条約第九条にのっとって、この係争に関する同裁判所の管轄権を確認しているのです。

つまり、ジェノサイドの有無は、まだ未決着なのです。ここを、この戦争を見守る我々、特にロシアを「絶対悪」に見立てる向きは、冷静に理解しなければなりません。

僕自身の経験を話します。二一世紀最初の独立国、東ティモールのケースです。インドネシアによる軍事支配に抵抗し独立闘争が始まったのは、一九七〇年代のことです。インドネシアによる独立派に対する虐殺は筆舌に尽くし難いもので、ジェノサイドとして語り継がれています。しかし、当時は東西冷戦の真っ只中《ま ただなか》でしたから、独立派の東ティモール人たちは〝アカ〟、そしてテロリストとさえ言われ、アメリカを中心に西側諸国は、虐殺の張本人であるインドネシアに軍事支援したのです。日本の姿勢は、いつものように、従米でした。

冷戦終結後、西側は、まさしく〝手のひら返し〟で独立派を応援するようになり、結果、東ティモールでは一九九九年、国連が主導する住民投票（plebiscite）が実施され、住民の約八割の賛成で独立を決定します。しかしインドネシア軍は悔し紛れに、退却と同時に東ティモールを徹底的に破壊しつくし、その後で、国連ＰＫＯが暫定政府を設立し、僕が「県知事」として派遣されたのです。

冷戦時代には、東ティモールでの「ジェノサイド」は西側社会では、ほとんど報道さえされませんでした。大手メディアは、インドネシアによる残虐行為に沈黙を貫いたのです。東西どちらの陣営に支援されているかによってコロコロ変わる、民族自決に対する国際社会、特に日本を含む西側の色眼鏡、そして「人権外交」における恣意性には、看過し難い問題があります。

ウクライナ東部の件は、まさにこれに当たると思います。ロシア系住民の声に、国際社会はもっと耳を傾けるべきだと思います。

柳澤　民族自決ということでいうと、クルド人問題[*6]はずっと無視され続けています。国を持たない五〇〇〇万の民族でしょう。民族自決というのは、植民地の独立の流れの中で、第二次世界大戦後にトレンドになっていたのだけれど、人為的に移植されたり、国境で分断された民族の場合はどうなのかという話になるわけです。

＊6　クルド人は約五〇〇〇万人いるといわれ、イラク、イラン、トルコに分布している国を持たない最大の民族。各国内で迫害され、武装して抵抗している。

林　それも大国が責任を取ってない。サイクス・ピコ協定[*7]をはじめイギリスが対オスマン戦争を有利に運ぶために行った中東のアラブ独立やパレスチナに独立を約しながらイスラエルにパレスチナ地域での居住を認める「イギリスの三枚舌外交」がそれです。

＊7　第一次世界大戦終戦前にオスマントルコの領土を英・仏・露がひそかに分割して領有することを約した協定で、イギリスの中東専門家マーク・サイクスとフランスの外交官フランソワ・ジョルジュ＝ピコの二人が起案。

国連安保理の解体的な改革が必要である

柳澤　今回の戦争を見ても、あるいはイラク戦争の結末を見ても、結局、大国の問題が大きい。武力で目的を達成しようとしたことの失敗というか、反作用というか、逆に大国であらんとするための武力行使が自らの大国としての墓穴を掘るという、こういう結末になるのだろうということですね。それが国連の安保理常任理事国であるがゆえに、国連が今のままでいいのかという議論になっていく。

伊勢﨑　それは結果的に、ずっと問題視されていた国連安保理の機能不全が、世紀末的に印象づけられる、ということでしょうか。

加藤　形式的にはロシアはずーっと常任理事国でい続けるでしょうけどね、今の状況では。

伊勢﨑　はい。国連安保理に「拒否権」があることで、国際連盟のときのような決裂を予防し、少なくともUnited Nations（連合国）の形を維持し、戦勝五大国間の戦争を抑制してきたのですが、国連安保理を解体せよ、というような意見も出てきていますものね。

柳澤　感情論としてはそうなるでしょう。けれども、実際にそれは難しいので、国連総会の機能をもっと実質的なものにしていくということになるのでしょうか。

加藤　ロシアに対する国連総会の非難決議で、CIS[*8]の共和国で反対、棄権がどうなったかを見ると、もともと反ロシア的であったモルドバ、ウクライナ、トルクメニスタン、ジョージアは賛成に回ったのです。反対に回ったのはロシアとベラルーシだけです。一方で残りのカザフスタン、キルギス、タジキスタンは実は棄権に回った。このことは何を意味しているかというと、ロシアがCISの中でも正統性を失っているということです。これをもとにして国連改革が進められるかどうかが問われるのでしょう。

＊8　Commonwealth of Independent States（独立国家共同体）。ソ連崩壊時に、ソ連を構成していた一五か国のうち、バルト三国とジョージアを除く一一か国で結成された国家連合体。二〇〇八年

南オセチア紛争でジョージア脱退。二〇一四年クリミア併合でウクライナ脱退表明。今の国連のままでも、まだ道は残されていると思います。国連総会の役割です。

伊勢﨑　元国連職員として一つ言わせていただきます。一九五六年の第二次中東戦争（スエズ危機）のケースは唯一の示唆です。安保理常任理事国であるイギリスとフランスが戦争当事国になって安保理が機能不全になっていたとき、カナダのピアソン外相（この功績でノーベル平和賞受賞）の掛け声のもとに国連総会が国連緊急軍を発動し、これが後の国連平和維持活動の原点となったのです。それにさかのぼるのが、一九五〇年に決議された「平和のための結集決議（"Uniting for Peace" Resolution）」で、安保理が拒否権で機能不全に陥ったとき、国連総会に緊急特別審議を可能にするものです。

グテーレス国連事務総長は、今回のウクライナ危機をめぐって「人道的停戦」という言葉を使っています。この決議を意識した国連による停戦調停と監視を意識した発言だと思います。もし、そのような決議が国連総会の俎上《そじょう》に上ったときには、ロシアでも反対しにくいのではないでしょうか。なぜかというと、今回のウクライナ危機には、原発が戦闘に巻き込まれるという新たな脅威が加わったからです。北部のチェルノブイリと南部のザポリージャ原発の戦場化は、世界を震え上がらせました。

原発は、自らに向けた核弾頭。これは、すでに故人ですが、経団連の要職を務め、原子力産業の中枢にいた僕の友人の生前の言葉です。言わずもがな、原発への攻撃だけは、ウクライナ、ロシア双方に取り返しのつかない被害を与えます。だからロシアも自制するはずなのです。そもそもそれはジュネーヴ諸条約上の明確な戦争犯罪です。同条約が原発への攻撃を禁止するのは、文民への重大な被害を防ぐためで、敵国の原発が敵国の軍事行動に直接的に電力を供給し、それへの攻撃が敵国の軍事行動を阻止する唯一の統制された手段である場合は、その禁止は消滅します。しかしそれは文民に被害を及ぼす放射能等の放出を予防する措置がとれるときのみ、という但し書きつきですが。

いずれにせよ、ロシアがウクライナ国民を苦しめるためだけにロシア領内から中短距離ミサイルを原発に撃ち込むことはあり得ないのです。しかし、問題は、重要施設を制覇しようとする局地的な戦闘の中で起きる核施設への被弾なのです。そして、正規軍の軍令下に統制されにくい、民兵組織、義勇兵、傭兵などの非正規戦闘員による戦闘の無秩序化です。今回の戦争では、当初からこれらが参戦しているのです。

ロシア軍が撤退したチェルノブイリには、すでにIAEA（国際原子力機関）が入っていますが、現在も主戦場になっている南東部にある二つの原発（ザポリージャ、南ウクライナ）が心配です。原発周辺半径何㎞というように非武装緩衝地帯をつくり、国連監視団を常駐させることも、「人道的停戦」に加えて、国連総会主導による停戦調停の醸成に向けて、もう一つの有効な口実になり得ると思います。

第三章

アジアへの影響と日本が果たすべき役割

2022年7月26日、中国の侵攻を想定した台湾の定例演習「漢光38号」を視察する蔡英文総統　写真：Shioro Lee/Taiwan Presidential Office/AP/アフロ

柳澤　次に議論したいのは、今回のウクライナ危機が日本とアジアにどんな影響を与えるのかという問題です。ロシアがウクライナに侵攻したのと同様、中国も台湾に侵攻するのではないかという見方があります。台湾有事は早まったのかどうか、また、米中対立という状況下で日本はどうすべきかという問題にもつながってきます。

1　台湾有事に際して日本はどう対応すべきか

林　その前に柳澤さんに整理していただきたいのは、台湾有事というのはどういうイメージで捉えるのがいいのかということです。

台湾有事をめぐるさまざまなシナリオ

柳澤　アメリカにもいろんな議論があるようです。一番可能性が高いシナリオは、中国が台湾を武力で支配しようと考えたときに、まずは弾道ミサイルをどんどん撃ち込んで台湾の防空・

防衛能力を無力化するというものです。そうした上で、台湾海峡を渡って兵隊を送り込む。けれども、そこでアメリカに邪魔されたら――日本も含めてですが――中国としてはそこから進めないわけです。アメリカは巡航ミサイルのプラットフォームをたくさん散開させて中国の艦艇を攻撃するような戦い方を考えているわけです。それが一つのシナリオとして描かれている。

一方、中国は、日本列島から南西諸島の米軍基地や西太平洋にいるアメリカの空母も含めた艦艇を攻撃する。アメリカは、こうした中国のA2AD[*1]能力に対抗できないから、やはり勝てないという見方もあるわけです。そこで、インド洋とか中東での中国の権益拠点を攻撃して戦争を水平的に拡大していくという主張をする人もいるようです。

＊1　Anti Access, Area Denial（接近拒否・領域拒否）。

それから、ひとたび戦争となれば中国にも相当な軍事的リスクとコストがかかるのだから、米軍との直接の戦闘ではなくて、海警局[*2]の船を使って海上封鎖をしてくるのではないかという見方もあります。中国が海軍ではなく海警局の船を使うときに、アメリカが海軍を派遣してそれをやっつけてもいいのかという問題が生まれます。やっつけるという決断をしたとしても、大陸からミサイルが飛んできて、米軍の艦船がやられるかもしれないわけです。

＊2　中国の海上警察機関。日本の海上保安庁に相当する。中国は、南シナ海の海洋権益の拡大に、軍隊ではなく海警の船を多用している。

そこはすごく悩ましい状況にある。どう戦うにしても、やはり中国の中距離ミサイルをどうするかという課題があり、ミサイルの脅威をなくすためには、まさに中国本土の敵基地攻撃をしなければいけない。けれども、中国本土を攻撃したら、戦争がもっと拡大してしまうだろうという心配があるわけです。

今、アメリカの戦争プランは、そこで揺れ動いている印象を私は受けています。そこに日本の自衛隊が加わったとしても、多分戦況にはほとんど大きな影響はないでしょう。ただ中国からの攻撃目標が増えるだけだと思います。

有事で自衛隊が出ていく根拠はどこにあるか

加藤　これを論じようとすると、ウクライナと台湾を同列に置けるかという問題があります。

両者の決定的な違いは、台湾は中国の内政問題だということです。日本は一九七八年に日中平和条約を、アメリカは一九七九年一月に米中平和条約を結んで、国際法上、台湾は中国の内政問題であるということを認めました。その上で今の日中、米中間の関係が結ばれているわけです。それなのにアメリカが台湾有事に軍事介入するにしても、台湾関係法[*3]を根拠に可能になるのか。そのとき、果たして日本は自衛隊を動かさざるを得ないということになるのか。軍事的、政治的、国際法的にも不確定要素が多いように思います。

＊3　一九七九年一月の米台外交関係断絶、米華相互防衛条約破棄にともない、米議会が台湾に防衛的武器支援を含む保護を約束した法律。

林　もう一つ重大な問題は、台湾と中国とが火蓋を切るというようなことになれば、台湾は中国から脱する、出ていくということになろうかと思います。だから、自民党の石破茂《いしばしげる》さんは、そのときは台湾独立だと言うわけです。そうすると、独立国に対する応援ということで、アメリカも日本も応援しやすくなるという側面があるでしょうが、中国はあくまでも独立は認めないと思うのです。

柳澤　そう。台湾の独立を承認するということは、米中条約、日中条約を破棄するのに等しいことになると思います。アメリカも日本も中国との国交回復の前提として、中華人民共和国が唯一の合法的な政府であるという立場に立っています。台湾は国家として承認していないわけです。そういう相手に集団的自衛権を使う余地はありません。国際法的にはそうです。

だから、実際にはどうやるかというと、トンキン湾事件[*4]のようにアメリカ海軍の船が中国から攻撃されたということで、個別的自衛権を理由にしてアメリカが参戦をして、日本は二〇一五年の新安保法制で法制化された米艦防護とか集団的自衛権で入っていくことになるのでしょう。あるいは、日本の米軍基地が攻撃されれば、日本の領域内への攻撃は安保五条にいう自衛権発動のトリガーになるわけなので、日本としては個別的自衛権で入っていくことになる。いずれにしても、アメリカが参戦する根拠としては個別的自衛権以外にないと思います。そして、そのステップがないと、日本としてもやりようがないでしょう。

＊4　一九六四年、北ベトナム沖のトンキン湾で米海軍がベトナムから魚雷攻撃されたとされる事件。これを契機にアメリカは、北爆など、本格的な軍事介入を強化するが、後に、一部は「でっち上げ」であったことが明らかになった。

ウクライナ危機と台湾有事の共通点

伊勢﨑　台湾有事、つまりアメリカと中国と台湾が戦争状態になったとして、自衛隊がそこに出かけていくという議論が本当にされているんですか？

柳澤　多分それはしていると思います。台湾まで行くというよりは、出動するアメリカ軍を後方支援するということで。

伊勢﨑　日本の領海から外に出る？

柳澤　それはもちろんです。元外務省の官僚とか自衛隊元幹部もそういう本を次々と出していますから。

伊勢﨑　すでに話題にしたジュネーヴ諸条約上の「上官責任」に対する法整備もしていない状態で？　加えて、いわゆる「国外犯規定」の問題があります。日本の刑法は、自衛隊が日本の外で犯す業務上過失については管轄外です。正当防衛のつもりで撃ったら民間人を間違って殺害してしまう「誤想防衛」のケースなんて、まともに議論すらしていない。この目眩《めまい》がするような「法の空白」の状態で？

柳澤　それは作戦計画上の考慮にはないと思います。例えば、そこで中国の海上民兵の船を沈めてしまった、しかしその後、よくよく見たら相手は武器を持ってなかったみたいなことはあり得ます。特に海上封鎖みたいなシナリオだと、そこがすごくややこしい。

伊勢﨑　武力衝突が起きても、日本による現場検証も難しい場所だろうし、多分、中国側が「民間人を誤射・誤爆した」と日本の非を言い募るでしょうね。証拠も捏造《ねつぞう》して。そこで日本の「法の空白」が暴かれたら……。究極の外交選択としての日本の戦争は、そこでおしまい。〝無〟法治国家日本にとっての台湾有事は、ガキがケンカで威勢を張ってるレベルですよね。

一方で、冒頭でウクライナを占領統治するロシアの軍事的能力について議論したように、敵に対する誇大妄想的な悪魔化がもたらすセキュリタイゼーション[*5]の問題を認識する必要があります。中国が台湾を軍事的に制覇するとしたら、どのくらいの総兵力が必要なのかを冷静に考えるということです。ウクライナと違って、台湾の場合、海を挟んでいるわけですから、軍事侵攻と兵站《へいたん》は別の困難さがあります。

＊5　安全保障化。「怖い」「危ない」という意識が社会の緊張感を高め社会を極度に好戦化させるプロセスを分析する国際関係論の理論。

ウクライナは、まだNATO加盟国ではありません。しかし、ご存じのように、NATOにはPfP（平和のためのパートナー）という枠組みがありまして、冷戦終結後、旧ソ連構成国との間の信頼醸成を目的とした制度です。一九八九年のベルリンの壁崩壊を機に、西側の首脳とゴルバチョフの間で交わされた「NATO東方不拡大」の約束の一環として語られた平和と安定のための機構づくりの延長にあるのでしょう。ロシアも加盟していますので、まあ形骸化していると思いますが、ウクライナも、もちろん入っているのです。これをベースに、いわゆる「常駐」ではありませんが、アメリカ軍は、特に二〇一四年のクリミア併合から軍事援助を加速してきました。

柳澤　陸軍の訓練をやっていますよね。

伊勢崎　はい。だから、加藤さんが今回ウクライナに行かれて、最貧国だという感想を持ったのはそうかもしれないけど、軍事的には二〇一四年以降、かなりの軍事援助を受け、その武器で今、戦っています。ですので、ロシアとウクライナの軍事力の比は、一般に同情をもって喧伝されているような「圧倒的な非対称」ではありません。言わずもがなですが、同じ占領・被占領関係にあるイスラエルとパレスチナの非対称には遠く及びません。

戦争の原因となる台湾独立問題にどう対応するか

柳澤　岸田総理は、台湾問題をめぐって、主に外交で頑張るけれども、万一有事となった場合は、安保法制に従って対応しますと言っています。安保法制に従ってということは、事実上は参戦しますということ以外の何ものでもありません。そうなれば日本が戦場になってミサイルが落ちてくるわけですが、どうもそれだけの根性を持って発言しているようには見えない。さらに、「有事となれば」ではなくて、「有事とならないように」どうするのかというところの決意がまったく見えないのです。政治家も防衛専門家も、そこのところをなんとか考えていかなければならないという問題意識がないといけないのです。そのときに、今回のウクライナの例を台湾に引き寄せて考えると、何が導き出せるのかということです。

ウクライナの場合は、東部二州の話もあるし、クリミアの話もあるけれども、やはりいちおうの焦点になっていた主張の対立というのは、NATOに入るか入らないかということです。もしもという話になってしまいますが、ウクライナがNATOに入らないという態度を打ち出し、ロシアがそれを信頼すれば、戦争を始める理由というのは、もともと紛争のあった東部二州とクリミアの問題を除けば生まれなかったわけです。

片や、台湾の場合、問題は非常にはっきりしています。台湾が独立するということを中国は一番許せないわけなので、そこを大事な一致点にして、台湾が独立しないことを中国もアメリカも台湾も納得するような枠組みができればいいのです。そうすれば、どうしても戦争しなければいけないような状況は、なんとか防ぐことができるのではないか。それが非常に大ざっぱですが、私なりのものの見方なのです。

ところがアメリカも日本も、そっちの方の努力を実は何にもしていない。それが私は気がかりでなりません。抑止力を強化することも一概に悪いとは言えないにしても、それだけではなくて、どうやって戦争の一番の原因になっているポイントのところで相互の安心供与がつくれるかというところは、今度のウクライナ戦争から得られる一番大きな教訓になるのではないかと思っているのです。甘いでしょうか。

林　いやいや、日本にとっては大事な役割だと思います。私も戦争に持っていかない方法として、ステータスクオ（現状）しかないと思います。ステータスクオをどういうふうにベストに持っていくかという知恵を出す、それのよりよい方法を日本が見つけてやるということですから。

台湾の将来に関するさまざまな考え方

伊勢崎　ウクライナ東部のドンバス地方の問題と台湾の問題を同じに並べるのがよいかどうか分かりませんが、ドンバス地方でもっと前に、国際社会が国連を通してやっておけばよかったなと思われることが一つあります。国連憲章の中であまり話題にならない第一一章「非自治地域に関する宣言」[*6]の活用です。もともとは第二次世界大戦後、国連による信託統治地域の指定にも、独立国にもなっていない地域に非植民地化を宣言するものですが、国連総会が、独立運動など帰属問題がある地域の住民を「非自治地域リスト」で保護する仕組みですね。最近でも、これに基づいて、フランス領ニューカレドニアで独立の賛否をめぐる住民投票が二〇二一年に行われたばかりです。僕が赴任した東ティモールも、かつてはこのリストに載っていました。

＊6　人民がまだ完全に自治を達成していない地域の施政を行う責任を有し、または引き受ける国際連合加盟国は、「この地域の住民の利益が至上のものである」という原則を承認し、かつ、この地域の住民の福祉を増進する義務を「神聖な信託として受託する」と規定する。

このリストで中国が関係するものは、香港《ホンコン》とマカオしかありません。いずれも、旧宗主国（イギリス／ポルトガル）の手を離れて中国の行政区になったケースです。中国が手放すケースは、これからも難しそうですね。

柳澤　今まで言われていた一国二制度がそれに近いですね。

伊勢﨑　はい。僕は香港の民主化運動に深くかかわる機会を得ました。民衆の抵抗が始まってから初の選挙、二〇一九年の香港区議会議員選挙の際に、民主派グループが組織した国際監視団の一員として招かれたのです。そこで、香港政府当局による民衆の弾圧を目の当たりにし帰国した僕は、当時トランプ政権が発動しようとしていた「香港人権法」、通称「マグニツキー法」を日本で成立させるロビー活動を始めました。

〝マグニツキー〟とは、トランプ政権以前に、ロシアにおいて政府の巨額横領事件を告発したロシア人弁護士「セルゲイ・マグニツキー」が獄中死したことを受け、オバマ政権がロシアの関係者への制裁を講じたことに由来します。現在、通称「グローバル・マグニツキー」として、アメリカのみならず、西側諸国にも定着しつつありますが、日本にはいまだないのです。

日本版マグニツキー法をつくるべく現在もロビー活動の真っ最中ですが、これは第二章で述べた「標的制裁」。つまり、人権侵害を行った政府内の個人・団体を制裁対象とし、ビザ規制や資産凍結などを行う制裁法です。いわゆる経済制裁とは一線を画しています。このロビー活動は、現在、「人権外交を超党派で考える議員連盟」[*7]の発足に結実しています。

＊7 https://jinken-gaikou.org

ロシアでの人権侵害を元につくられた「標的制裁」の国際的な法制ネットワークの構築作業は、日本では香港問題をキッカケにするものになりましたが、現在の香港はどうなっているのか。中国による香港政府の隷属化はさらに進み、関係者の逮捕・拘束もさらに強化され、残念ながらコロナ禍の影響もあってか、あれだけ高揚した民衆のデモによる抵抗も下火になりつつあります。中国に押し切られた……という現実は、つらいですが認識せざるを得ません。

林 そうです。香港化されるのが怖いです。けれども、軍事力を使わないで乗っ取られてしまったというのは、香港スタイルしかないんでしょう。

柳澤 香港の場合は弾圧されていますからね。それと、伊勢﨑さんが言うように、台湾がウクライナと違うのは、さらに香港とも違うのは、海を渡って兵隊を送らないと占領できないところです。そこがなかなか中国にとっても気が遠くなるような難しい話なのです。ミサイルを撃ち込むことはできるけれど、兵隊を送り込んで占領統治するというのは、容易なことではない。そういうことを、今度、中国も学習しているのだと思います。

林　兵隊を送り込まないでなんとかしようということになれば、中国の意向を実現するための特別の勢力を台湾に送り込むしかないですね。

柳澤　潜り込みは難しいと思います。馬英九《ばえいきゅう》時代に大陸との関係を持ったグループも結構できたようだけれども、今はこれだけ交流が途絶えてしまっている。北朝鮮の特別部隊みたいに潜入して有事に蜂起するようなシナリオは、北朝鮮だって日本でそんなことするのは無理ですけど、台湾のことを考えると余計に現実的ではないと言われています。それをやるためには、平時にたくさんの中国人が渡ってきていないとダメなので。

2　ウクライナであぶり出された核抑止の問題点

コールド・ホット・ウォーは単純な再現はない

伊勢﨑　第一章で紹介した二〇二一年暮れのノルウェーでの会議で議論されたことをもう一つ

紹介します。現在、すでに終焉《しゅうえん》した旧冷戦の復活、新しいコールド・ウォーが始まっているみたいな言い回しがよくされますが、そうじゃなくて、これはコールド・〝ホット〟・ウォーじゃないかと。超大国同士は冷戦で熱い戦争はしないけれども、その狭間《はざま》に位置する緩衝国家が熱い戦火にまみえると。そこに第三の超大国、中国が入ってくる。

加藤　それは、米露ががっちり抑止体制を築いた上で、その周縁国で紛争が起こるという話ですよね。安定の不安定という核抑止のパラドックスです。

伊勢崎　緩衝国家、バッファー・ステートです。

加藤　それは一九七〇年代のデタントのときの考え方なのです。デタントでは米ソががっちりと手を握って、お互いに核戦争はやめようと暗黙の合意をするわけですが、その代わりに、アジア、アフリカの周縁国でお互いに陣取り合戦をやったわけです。それと同じことをまたもう一度繰り返すかという話です。七〇年代にはブレジネフ、キッシンジャーの間でそういうデタントの交渉を長くやり、核管理のためのＡＢＭ条約[*8]、ＳＡＬＴ１[*9]など、一九七二年にはいくつかの条約も合意されました。その当時のアメリカ大統領はニクソンで、大統領補佐官のキッシンジャーとともに二人三脚で外交を取り仕切っていたので、ニクソンジャー外交と言われました。それでうまく米ソの間の核バランスが取れたわけです。それが相互確証核抑止体制いわゆるMAD（Mutual Assured Destruction）体制というものでした。そして、米ソ東西が安定化した一方で、中東、アフリカ、中南米などの周縁地域が不安定化し、七〇年代後半には地域紛争が一気に広まっていったわけです。その頂点が一九七九年のソ連のアフガニスタン侵略です。

しかし、再び米露の間でそういう核抑止体制ができるのでしょうか。今では米露の間でかろうじてSTART2[*10]が核抑止の枠組みとして残るのみです。しかし、今はその枠組みさえも形骸化し、同条約は発効していない。

＊8　Anti-Ballistic Missile Treaty（弾道弾迎撃ミサイル制限条約）。相互確証破壊体制を成立させるために、米ソ相互に弾道弾迎撃ミサイルの開発、配備を制限する条約。弾道ミサイルの拡散にともないアメリカはミサイル防衛を推進するため二〇〇二年に同条約を失効させた。

＊9　Strategic Arms Limitation Treaty 1（第一次戦略兵器制限条約）。戦略核兵器の弾頭数や運搬手段に上限を設ける条約。

＊10　Strategic Arms Reduction Treaty 2（第二次戦略兵器削減条約）。第一次戦略兵器削減条約では二〇〇一年に米露の核弾頭数はアメリカ五九四九発、ロシア五五一八発（アメリカ政府FACTSHEET）に削減された。

だから、七〇年代に問題になったコールド・ホット・ウォーが、今単純に再現されるのではない。下手をするとただちに全面核戦争というか、米露間の核戦争につながるおそれがあるので、冷戦時代のデタントの状況下における地域紛争と、今の緩衝国における地域紛争とは質的に相当異なると思います。たちまちのうちに米露間の全面核戦争になりかねない。

アメリカが抑止のために本気になれない時代に

柳澤 私もまったくそう思うのです。そして、ウクライナと台湾がどこが同じで、どこがどう違うかも少し考えているのです。

ウクライナはある意味で緩衝地帯ではありますが、台湾は緩衝地帯かというとそうではなく――日本は緩衝地帯ですけれども――、まさに米中のせめぎ合いの焦点そのものです。さらにウクライナの場合は、アメリカのバイデンが早々と軍事介入を否定したし、あるいはNATOに加盟してないという現実もあり、そのことがロシアを抑止できなかったという要因ではあると思います。つまり、アメリカにはそもそも軍事介入する気がなかったから、ロシアを止められなかったということです。

しかし、台湾の場合、アメリカは曖昧戦略を取っているけれども、いちおうやる気はある。

バイデンが時々間違った振りをして台湾を応援するとコミットめいたことを言ったりすることからも明らかです。台湾というのは、台湾をどっちが取るかというものではなくて、まさに台湾をめぐって米中が直接戦争する可能性のある場所です。だから、ホット・ホット・ウォーになってしまう、そういう状況に置かれているのが台湾です。そこに多分ウクライナと台湾の違いがあると思うのです。

さらに、ウクライナ問題が明らかにしたことの一つに、これまで考えられていた拡大抑止の構図が崩れてしまったということがあります。つまり、アメリカやNATOがウクライナ支援の内容を武器の提供に止める理由として、自分たちが武力介入すると世界大戦になってしまうことを挙げているわけですが、それは相手が核を持った大国である場合には、アメリカは兵力を送るようなことはしないということです。ということは、アメリカがいくら拡大抑止[*11]だと言っても、核を使うような世界大戦になっては困るというのであれば、拡大抑止も事実上は通用しなくなるだろうということなのです。少なくとも論理的にはそういうパラダイム・シフトが起きている。

＊11　自国の抑止力を他国の防衛・安全保障に対しても拡大提供すること。核兵器を含む場合は「核

の傘」と呼ばれることもある。

それが、尖閣《せんかく》諸島を含む日本の防衛という問題にも、台湾有事の話にもつながってきます。日本の安全保障にとって大事な問題なのです。

日本の中には、台湾有事は日本有事だと気楽に言う政治家がいるのだけれども、台湾をめぐって複雑な関係が生まれているもとで、そんなふうに単純に日本が戦争を引き受けるような発言をしていいのか。単純に引き受けて、後ろを見たらアメリカがいなかった、みたいなことにもなりかねない。日本はまさに米中の緩衝地帯にあるというか、現にアメリカ軍が日本にいて、中国に対する戦い方の中で、米軍の駐留の意味がさらに大きくなってきている。そういう見方をすれば、日本は緩衝地帯というよりは、まさに前線地帯になってくる。米中が対立した場合に、日本が確実にミサイル戦の戦場になるということは、みんなが認識していると思うのです。しかし、それを議論しようとはしない。そういう中で、ウクライナであういう戦争が起こり、その教訓として導き出されるのが、日本核保有とか敵基地攻撃能力という話だけ考えていていいのかという問題なのです。

核抑止はさんざん議論されてきた問題

林　加藤さんに聞きたいのですが、ウクライナの子どもであるとか病人などの弱者が人質に取られているのは、人道的にという面で国際社会が乗り出すことは、ある程度できるのですが、核を人質に取ったらどうするのだろうということです。そんなことはないと言えなくなっていて、本気で核を人質にされた場合に、国際社会はどのような決断を迫られるのでしょうかということです。私が最悪のケースを考えるのはそこなのですが。

柳澤　今もやはり、核戦争になってはいけないというので、アメリカは思い切った軍事介入ができないわけです。核を持った時代におけるマッドマンセオリー[*12]になってしまっていて、本当にこの問題をどう解決していったらいいのかは、真剣に考えなくてはいけない。

＊12　madman theory（狂人理論）。単に狂人の理論というのではなく、非合理的だと相手に思わせることによって、外交交渉などを有利に進めるための理論とされる。アメリカのニクソン大統領の外交政策として知られている。

加藤　核抑止の問題ということでいえば、戦後からさんざん闘わされた核抑止に関する議論が、今になってまた蒸し返されているということです。一九五〇年代にソ連との間で核戦争になったときに、一気に大量報復で全面核戦争になるだろうという議論があった。それに対して、本当に全面核戦争になるんだろうかと疑問を呈したのが、実はキッシンジャーです。キッシンジャーは、『核兵器と外交政策』（森田隆光訳、駿河台出版社、一九九四年）で限定核戦争[*13]、制限戦争論を掲げて論壇に登場してきたのです。だから、今我々に提起されているのは、もう一度制限戦争論に戻って、この理論を積み上げていくのかということです。おそらくアメリカは、制限戦争論の再検討をやっていると思います。実際、二〇一四年にはすでにスタンフォード大学から『On Limited Nuclear War in the 21st Century（21世紀の限定核戦争について）』（未邦訳）という本が出ています。

*13　限定核戦争論は、一九五〇年代に米ソの核戦力がほぼ同等になり、大規模な報復という危険な脅威が無意味になったことから、柔軟反応戦略が発展したことに関連して生まれた核戦略論。

ソ連は核戦争を戦い抜けるドクトリンを持っていた

柳澤　それは何でしょうか。要は戦術核の使用に止めるという議論ですか。

加藤　通常戦争から一気に核戦争に拡大するのではなく、戦争のレベルをどこまでエスカレートさせるか、逆にデスカレートさせるか、戦争に柔軟に対応する戦略です。最終的には全面核戦争まで想定しています。この手の話は、もう中世の神学体系のようなもので、いくら論理を精緻に組み上げても、最後には抑止を信じるか否かにかかっています。

柳澤　そうそう。みんながそうだと思っているから成り立っていたという話ですね。

加藤　冷戦時代、安全保障コミュニティの研究者たちはこの議論を四〇年間ずっとやり続けたのです。やり続けて、やり続けて、そのやり続けることが、実は抑止力になったという面がある。だから今それをやろうとするならば、マッドマンといえどもその中にも合理性を見いだすしかないわけでして、相手に対して、こうなったらこうなるぞという、その我々の対応を相手側に徹底的に提示するしかないと思います。それでも冷戦時代のソ連は、核戦争を戦い抜けるというドクトリンを持っていました。ロシアだってそうなるでしょう。

これは答えになっているかどうか分かりませんけれども、結局、戦争というのは論理ではないのです。力と力、意志と意志の間の相互作用なのです。だから因果関係はそこにはありません。完全に複雑系の論理体系の話です。

林　加藤さんのお話は、非常に安心感を覚えた部分は一つあるのですけれども、軍事的合理性というのは殺戮《さつりく》と破壊から始まるのです。そして勝利することなのです。ですから、通常考える戦争をきれいごととして捉えたらいけないと思います。

それからもう一つは、核については、ソ連対アメリカ、あるいはロシア対アメリカという構図ではなくて、駄じゃれではないですけれども、秩序に挑戦している核保有国が「悪の枢軸国ならぬ核の枢軸国」みたいなものができたらどうなるかと心配になる。核を人質に取られて、彼らの思い通りの世界にされるおそれはないのだろうか。そんなケースを考えてしまうのです。

「核共有」論をどう見るのか

柳澤　今、加藤さんが言われたのは、あくまで、こっちの方が強いんだぞと示していくというものです。そこはあくまでも、前線の兵力を全滅させるぞという脅しなのです。そうではなくて、今は、どこでどう止まれるかというところを、考えざるを得なくなっている。だけど……。

加藤　割り込んで恐縮です。この手の話はもう本当に、何度も繰り返されているのだけれども、それでも結論が出ないまま今に至っているのです。けれども、一つの方向性として、実は一九六〇年代にモートン・カプランというアメリカの政治学者が、当時のコンピューターを利用しながら、国際構造がどのように変化するかというシミュレーションを行ったことがあります。

そして最終的に、安定した国際構造が想定されたのです。それは何かというと、Unit Veto System（単位拒否体系）といって、主要国家がすべて核武装する状態をつくることです。そうすると、皆が自滅スイッチに手をかけた状態になって、もう誰も何もできないのです。ここが究極であって、これ以上、実は国際構造が変化しないのです。

でも、これは安定といえば安定、これを平和というなら平和という程度のものでしかない。けれども今、実は、だんだんそういう状況に近づいてきている。というのも核兵器保有国が五か国だけではなく、イスラエル、インド、パキスタン、北朝鮮を合わせて九か国になっているのですから。

柳澤　いよいよ日本も核兵器をシェアしましょうという議論が出てきました。核の傘の下の国から、核のボタンを一部持つ国になるわけです。これは、とんでもない話です。

一つは、広島の平和記念公園に「安らかに眠って下さい　過ちは繰返しませぬから」と書かれた碑がありますが、核共有というのは、日本がアメリカに対して「核を使え」という権限を持つことです。それが原爆犠牲者に対する我々の誓いなのか、という問題です。

もう一つ、日本政府は、オバマ政権のときもそうでしたが、アメリカの核の先制不使用に反対しています。「通常兵器による攻撃でも防衛上必要なら核を使う」ことが抑止力になるという発想です。しかし相手から言えば、それが分かっていながら日本は非核保有国だから核攻撃しない、ということにはなりません。

冷戦時の戦争に巻き込まれなかった成功体験は、お互いに核戦争にしてはいけないという認識があったからで、今その認識が薄れているときだからこそ、核の使用を制限しなければならない。まして日本が核使用の権限を持つことはまったく安全への逆行だと思います。

3 日本は何ができるか、何をすべきか

日本が緩衝国として沖縄を非武装化できるか

伊勢崎 さっき加藤さんがデタント時代のことに言及されたので、僕が言う「コールド・ホット・ウォー」が縮んでしまいましたが、今回のウクライナのケースと日本への関連性で、もう少し説明させてください。

「緩衝国家からの視点で超大国の紛争構造を見る」ということなのです。超大国からの上から目線ではありません。

緩衝国家とは、僕なりに定義しますと、「敵対する大きな国家や軍事同盟の狭間に位置し、武力衝突を防ぐクッションになっている国。その敵対するいずれの勢力も、このクッションを失うと自分たちの本土に危険が及ぶと考えるため、軍事侵攻され実際の被害を受ける可能性が、普通の国より格段に高い国」となります。ウクライナなどの旧ソ連構成国や、創立以来のNATO加盟国でもロシアと地続きのノルウェー、そしてアジアでは韓国、日本は、典型的な緩衝国家です。

僕は、防衛省の統合幕僚学校で、もう一五年ほど教えさせていただいております。二〇二一年からは、その講義で必ず言及することがあります。それは、「アメリカは軍事上の駐留の必然性があっても、アメリカ国内世論がそれを支援しないと政治が判断したら無責任に退く。それが二〇二一年アフガニスタンで証明された」ことです。だから日本は自らの足でちゃんと立って国防を考えようという意味を込めて。

実際、日本が侵略されるとしたら、蓋然性のあるシナリオとは何か。冒頭で触れたように、今回のウクライナ危機は、一人の狂人によって何の前触れもなく突然始められた侵略行為みたいな印象操作が見受けられるのですが、そんな幼稚なことは、安保理の常任理事国は絶対にしません。国連憲章と「国際法の穴」を悪用した開戦をするわけです。東部ドンバスの二州の独立承認と集団的自衛権という建て付けをしたように。

日本でそれが起きるとしたら、沖縄の分離独立みたいな話ですね。だから、沖縄の人々が本土に愛想を尽かさないように沖縄を大切にしましょうということになります。沖縄は、緩衝国家日本の中の、さらなる緩衝最前線です。

例えば、NATO加盟国でありながらロシアと国境を接する緩衝国家であるノルウェーがやってきたことは参考になります。

ノルウェーは強い国軍を持っていますが、ロシアを刺激しないため北部では軍事演習を控えることすらやっていたのです。しかし、これらの措置は、ロシアの脅威に屈する負け犬の姿勢ではありません。自由と民主主義、そして人権、ある意味、〝反ロシア的〟な価値観を世界に向けて代表してきた国がノルウェーなのです。首都オスロは、国際秩序と安全のためにさまざまな交渉の場になった平和外交のシンボルです。こういう平和・人権外交を、国の外交資産としてきました。それは自分自身が、ロシアを刺激しない平和な国だからこそ、できたことです。日本なんか、とても足元にも及ばないですよね。

今回のウクライナ危機は、ノルウェーにおいてロシア脅威論をさらに加速させていますが、こういう国家の資産をすべて根こそぎ消失させてしまうかというと、僕はそう簡単にはいかないと思うのです。僕は、だからこそ日本は、〝かつての〟ノルウェーに学ぶべきだと思うのです。今のノルウェーのためにも。

それは、自由と民主主義を信奉する緩衝国家としての自覚を持ち、自衛隊を維持する。アメリカと軍事同盟は維持するが、少なくとも〝全土基地方式〟を撤廃すべく日米地位協定を改定し、緩衝国家の中の「緩衝最前線」には、自衛隊も米軍も置かない。

つまり、「沖縄に加えて北海道の完全非武装化」です。どうでしょう?

柳澤　それは沖縄の基地問題が復帰後五〇年経って一向に解消されないことを考えると、理想的な一つのパターンとしてあり得ることだと思います。軍事の要である沖縄だからこそ、非武装化するという発想の転換です。それは、戦後日本の大転換です。私は、もちろん私が生きているうちではないけれど、いつかそうなると思います。

国家に油断があってはいけない

林　国会議事録を見ると吉田茂は、〝世界には今日なお無責任な軍国主義が跡を絶たない(一九五一年八月一六日)〟、〝無責任な軍国主義が跳梁する国際現状(一九五一年一〇月一二日)〟、〝中立尊重の約束をなしても、その約束に信を置き得ない性格の国がある(同前)〟、だから自衛の防衛力はしっかり持っておかないといけませんと言っています。
私が詳しく探求しなければいけないと思っているのは、ウクライナに何か油断があったのかということです。というのは、朝鮮戦争が起きたのは、マッカーサーが六万人の米陸軍を韓国から撤退させると言った後なのです。トルーマンが陸軍大将のウェデマイヤーを派遣して、本当にそれでいいのかと問題にしたのです。ウェデマイヤー自身は、陸軍を撤退させたらダメだという立場で、そうマッカーサーに伝えたのです。ところが、マッカーサーは絶対に撤退すると言って、それを金日成《キムイルソン》が聞きつけたのです。中国もソ連も、アメリカが出てきたら危ないぞと忠告したのだけれど、金日成が、いや大丈夫だ、マッカーサーが撤退させると言っているからとして、安心して攻めてきたのです。これは、やはり油断したからなのです。泡を食ったのはマッカーサーです。ウクライナの場合、今回、何か油断があったのでしょうか。
柳澤 あれだけベラルーシに軍隊が集まっていたのですから、そういう意味での油断があったとは思えないです。だから、ウクライナ軍は、結構開戦当初からちゃんと対応していると思います。
林 そういった緊張感とか、備えとか、そういうのは常に必要なのです。国家間関係で危なっかしいやつがいるなというときは、やはりそれをある意味で抑止できるだけの準備をしておく必要があると思います。

相手を刺激するだけのやり方は愚策

柳澤　そうです。だから、専守防衛が大事なのです。抑止力というか、防衛力は持ってないと、どんなに善意の国であっても、何も防備がなければ、それはどこかの勢力がやってきます。まして中国ならば確実にやってくるので、島をそんな簡単に取られないだけの——本当にしつくやられたら取られてしまうかもしれないけれど——相当な手傷は負わせるぐらいのものは持っていなければいけません。問題は、そういう水準の軍備を超えて、中国の本土を攻撃するような能力を基本政策として宣言すべきではない。武器の性能が上がっているから敵地に届くミサイルを事実上持つのはしようがないとしても、そんなことを政策として口に出す必要はまったくないと思います。第一、攻撃すべき目標を選別する能力や反撃から身を守って再攻撃するだけの能力はないのですから。

だから、敵基地攻撃能力の話も、アメリカの核をシェアするという話も、ことさら今までと違うことを日本がやるのだと宣言するやり方は、実は抑止の立場に立ったとしても、あまりうまいやり方ではないというのが私の感覚です。相手を刺激するだけで、相手も身構えるし、それに対応する軍備を拡大させることになります。典型的な安全保障のジレンマです。

それから、コールド・ホット・ウォーというのは、新しい言葉なので、そこだけで議論するつもりはないのですが、基本的にコールド・ホット・ウォーが成り立つのは、大国同士の関係がコールドで安定している場合だと思います。そうであるがゆえに、かねてからの領土問題などいろんな要因がある場合、地域的な紛争、マージナルな紛争は結構起こりやすくなる側面がある。大国が戦争しないというコールドな状態にあるがゆえに紛争が起こるという点で、いわゆる安全保障のパラドックスがあると思います。けれども、一般的にそうだとしても、今はまさに大国同士の関係がコールドではないところまで来ようとしている。かろうじて今は、お互いにここまでやったら核戦争になってしまうという恐怖があって止まっているけれども、現在は、戦争の動機が大国間関係そのものの中に存在している。マージナルなところで国境紛争とか民族対立などの要因があるということではなくて、大国同士がそういう関係にあって、そっちがコールドではなくなっているということではないでしょうか。

大国の戦争に困る国々の連合は大事である

伊勢﨑　実は続きがあるのです。緩衝国家が、もっとセクシーにホットになろうよということで。緩衝国家というのは、敵対する超大国の〝傘〟のどっちに入るかで引き裂かれます。でも、たとえ小国でも緩衝国家同士のコアリション（連合）の傘をつくって、逆にその傘を敵対する超大国の側に差しかけるという発想はどうか？

こんなことをノルウェーやアイスランドなど北欧の緩衝国家の学者たちとまじめに議論しているのです。これが、コールド・ホット・ウォー構想の落ちなんです。笑うでしょう。

柳澤　そんなことはない。私は大賛成です、その発想は。だって、大国同士が戦争をしたら、迷惑を受けるのは周りの国なのだから、そういう国が集まるのは大事なことです。

伊勢﨑　そうです。緩衝国家が一番痛い目に遭うからこそ、ホットに自己主張しようということなのです。「大国が戦争すれば戦場になっちゃう国家同盟」みたいな。大国の狭間にいるからこそできる平和構築を目指して。

林　アメリカの地政学者スパイクマンが言っているのは、〝大国は直接に戦争をしなくても、戦争させる戦略を持っている〟ということです。

伊勢﨑　そうです。今のウクライナ戦争のように、アメリカが最も得意とするところですね。

林　彼は、アメリカがユーラシアの縁辺をどれだけコントロールできるかがユーラシアの大国に対して優位を維持できる決定的要素だと考えた。そこで、ユーラシアの縁辺国同士が仲よくなってアメリカに対して歯向かうようであれば、その二つの国をケンカさせるという戦略を取るべきだと提唱しました。それは第二次世界大戦直後の世界における地政学的な戦略要素の中で出来上がっていったのですが、その考えは今もあるのでしょうか。

伊勢﨑　なんだか嫌な発想ですよね。どうにかしてアジアから見返してやりたいですよね。願わくば日本がリード国となって。それには、まず韓国ともっと仲よくしなければならないですね。アジアの緩衝国家同士で。

第一章で述べた二〇二一年暮れのノルウェーでの研究者たちとの話し合いでは、ノルウェー、アイスランド、そしてグリーンランド。まず、この三つのNATO加盟国がまとまりたい、と。

柳澤　グリーンランドはデンマーク領?

伊勢﨑　はい。宗主国デンマークから、諸外国との外交権も含め高度な自治を勝ち取ったのがグリーンランド自治政府ですね。そのデンマークがNATO加盟国です。

この三つのNATO加盟国がまとまりたい。それを、フィンランドとスウェーデンという二つの中立国につなげて、まずNATOのトリップワイヤー化を避けたい。ただし、この二か国は、今回のウクライナ危機でNATOに加盟申請したので、中立国ではなくなるかもしれませんが、その場合も、ノルウェーのような役割を果たしてもらう。

ＮＡＴＯ軍を常駐させずロシアを刺激しない「脱トリップワイヤー同盟」を緩衝国家として宣言するのです。それをすでにＮＡＴＯのトリップワイヤー国家となっているバルト三国を説得し仲間に引き入れる。そして、ベラルーシ。

この国はプーチン寄りのＣＳＴＯ[*14]加盟国ですが、ロシアのトリップワイヤー国家にならないことを宣言してもらう。どうでしょう？　ＮＡＴＯ加盟国であろうが、ＣＳＴＯ加盟国であろうが、脱トリップワイヤーの緩衝帯をつくる。こんなビジョンを語り始めているのです。

＊14　Collective Security Treaty Organization（集団安全保障条約機構）。一九九二年に旧ソ連の構成共和国六か国が調印した集団安全保障および集団的自衛権のための軍事同盟。

アジアでコアリションをつくる困難さ

林　ＥＵがワン・オブ・ゼムになるのですけれども、まとまりやすいのは、言葉が通じるということと文化が一緒だということです。ところが、台湾を含めて太平洋側のアジアの国というのは、衣食住の文化が全部違うのです。言葉も違って通じない。そういった国々を巻き込んでどういうふうにしてコアリションをつくるのかが問題ですね。

今、海上保安庁が音頭を取って、米英を含むアジア一四か国（イギリス、アメリカ、パキスタン、ジブチ、ケニア、セーシェル、スリランカ、マレーシア、シンガポール、インドネシア、ベトナム、フィリピン、パラオ、ブルネイ）の各国海上保安機関との連携を強化して海難救助や海上取り締まりのノウハウを指導普及しています。海上保安庁の指導チーム「モバイル・コーポレーション・チーム（MCT）」は海賊、南シナ海情勢を踏まえて治安対処能力をつなげ、リンクさせ始めました。またコロナのパンデミックは、各国間のオンラインでのネットワーク会議を活発化させることにもなりました。

伊勢﨑　いいですね。

柳澤　ただ、スパイクマンが言うように、日本と中国を戦わせて弱らせようという発想は、今のアメリカにはないと思います。自分が躍起になって中国叩《たた》きをしているわけだから。そういうときに、ASEAN（東南アジア諸国連合）も日本もある意味では韓国も、みんな迷惑するわけですから、そこはそういう国々がまとまって、「あんたたち、そんなことはもういいかげんにしなさい」という声を出すことは意味があります。そういうことからまず始めていくのは、案外大国の暴走を制約する力になるという気がします。

伊勢﨑　はい。日本のことでまた話の腰を折るようで申し訳ないのですが、僕は、日本は緩衝国家じゃなくて、緩衝〝材〟国家だと思うのです。

上述のバルト三国は、冷戦終結後NATOに加わりましたが、アメリカを含む加盟国と法的に対等になる「互恵性」を原則とするNATO地位協定に組み込まれています。NATOに加盟するとは、NATO地位協定に入ることなのです。

互恵性とは、国の大きさにかかわらず、派兵国と受入国はいつでも立場が入れ替わるという平等性のことで、お互いの「主権」が最優先され、巨大な米軍であろうと「自由なき駐留」が支配する関係のことです。つまり、駐留軍は、受入国の許可なしには、何もできないのです。アメリカとNATOは、冷戦時代の「旧敵国」にも、「平等」が支配する地位協定を与えているのです。「全土基地方式」、そして横田空域を含め「隷属」が支配する日米地位協定とは、目眩がするほどの違いです。

韓国は、アジアを代表するアメリカにとっての緩衝国家、そしてトリップワイヤー国家ですが、NATO加盟国並みの「自由なき駐留」はまだ実現していません。でも、日本とは決定的な違いがあります。韓国には〝意志〟があることです。

米朝開戦になったら誰がその指揮権を握るのか。韓国には、「戦時作戦統制権」をめぐるアメリカとの葛藤の歴史が今でも続いています。一九五〇年の朝鮮戦争勃発の際に李承晩《イスンマン》大統領が作戦指揮権を国連軍司令部に移管して以来、その奪回は、その後の歴代大統領の悲願であり続け、現在に至ります。一九九四年の金泳三《キムヨンサム》政権時には「平時」の作戦権を取り戻しましたが、それでも国家の存続にかかわる「戦時」の作戦権の奪回に韓国を突き動かすのは、「主権国家」としての自覚です（韓国紙『ハンギョレ』「［コラム］戦時作戦統制権失った韓国軍の哀しみはいつまで続くのか」二〇二一年三月二二日付）。

日本において、こんな議論は、国内政局にも、日米交渉の俎上にも上ることはありません。日本は、トリップワイヤー国家以下の、アメリカに隷属するだけの、意志のない〝緩衝材〟なのです。

戦争にだけはしないという議論が最も大事である

林　その現状とウクライナの状況を見ますと、今日、アメリカの同盟国であるとか、シンパシーを持っている国々がアメリカ離れするというか、国家の危機に際して助けてくれないのではないかという疑心暗鬼になりつつあると思うのですが。

柳澤　台湾の世論調査でも、ロシアのウクライナ侵攻後の世論調査では、前回と比べて、「アメリカは来てくれない」という答えが増えています。ではどうするのかという答えは出ていません。まさにそこは、「武力介入するぞ」ということをもって抑止しようとする政策の限界があるわけです。本当に約束通り武力介入したら、米中の戦争になってどこまで拡大するのかという心配がある。

だから、本当に今、アメリカも中国も一番いい絵が描けないという状況です。その中で日本だけが張り切ったとしても、何か浮いている感じなんですね。

NHKスペシャルでもやっていましたが、市ヶ谷で防衛・外務のOBの人たちと政治家がウォーゲームをやったのですね。最後に外務官僚のOBが言うのは、これはやっぱり戦争にしてはいけないということでした。戦争になったら負けだと。ちょっと中身の薄い特集ではあったけれど。

林　薄いどころか、中身はないに等しいです。そのシミュレーションは戦争ありきで戦争回避の議論をやってないんです。あのシミュレーションは。いきなり戦争に進んでいます。

柳澤　本当にどう考えても、戦争にだけはしてはいけないというのが、日本の一番大きな政策目標でなければならないと思います。

第四章

戦争を回避する日本としての国家像を考える

2021年11月27日、自衛隊観閲式で巡閲する岸田文雄首相

写真：代表撮影／ロイター／アフロ

柳澤　最後に議論したいのは、日本の国家像のことです。戦争を何としても回避しなければならないとして、我々日本人が何をすればそんな国がつくれるのか、あるいはつくれないのか。

1　抑止力に代わるものはあるのか

柳澤　ウクライナ戦争が起きて、世界がもう元には戻れないという側面があるわけですが、先に経済的な側面を議論したように、元に戻れないと言っても、じゃあ完全にブロック経済にかわれるかというと、そうでもないという現実もあるのです。その中で、私はやっぱりなんとか落としどころを見つけていかなければいけないと思うし、それを課題として追求していきたい。

ただ、軍事的な抑止の論理というのは、本当に崩れてきていると感じます。核を使うような戦争は嫌だから介入しないと言い出したら、大国相手の場合は、もうどこにも介入する場所などなくなってしまいます。そこまで戦争を拡大させずに武力行使できるかということをアメリカは考え、抑止の理論をつくってきたのですが、プーチンの行為と発言によって、そういうものが実は幻想だったことが分かったわけです。

それはウクライナだからそういう話になったのではなく、台湾問題をめぐっても同じだし、ほかの国にしても、要はロシア、アメリカ、中国のような大国が絡んでいる武力紛争の場合には必ずぶち当たる問題なのです。そういう話になると、さっき加藤さんが言われたように、核を少しだけなら使ってもいいよというようなことでは、物事の本質上、済まないのです。殲滅《せんめつ》戦争にこちらは耐えるが、おまえは耐えられないだろうというところに抑止の本質があるからです。それがやはり幻だったことに、単なる幻想に過ぎなかったということに気がついたときに、我々は何を考えていけばいいのかという問題だということです。

抑止の問題を一つずつ詰めていった結論

加藤　抑止論というのは、私にとっては自分のこととして、我が事として引き受けざるを得ない話です。核共有論、敵基地攻撃論をどうやって考えるかという問題もあるのですが、それ以前に、そもそも論として、抑止論――核抑止ではなくて――をどう捉えるかという問題があります。軍隊の役割が抑止にあるということは、現在、防衛問題当事者みんなの暗黙の了解なのです。古典的戦争観では軍隊の役割は戦うことにあったのですが、現在は戦うのではなくむしろ抑止にあります。まず、そういう抑止論そのものを認めるかどうかが議論されなければなりません。

その議論の次に、通常抑止か核抑止かの議論があります。では核抑止論を認めるのかという議論になる。また、核抑止論を認めないとするならば、通常抑止までは認めるかということになる。そうやって少しずつ丁寧に考えていった方がいいと思うのです。そして、核抑止論を受け入れたとして、拡大抑止に頼るのか、それとも拡大抑止でなければ単独抑止すなわち自主核武装かということです。

さらに、拡大抑止に頼るとした場合、選択肢の一つとして、核共有論があるわけです。あるいは、アメリカの中距離核戦力[*1]の配備を認めるかという議論も、今後必ず出てきます。実は、核共有論も自主核武装論も、専門家の間ではさんざん議論した話でして、これはダメだろうということが、少なくとも専門家の間では結論が出ている話です。それがなぜこんなに唐突に浮上しているのかが分からないほど、結論は明らかです。そして、今、新たに突きつけられているのは、本当はアメリカの中距離核配備を認めるかという問題なのです。

＊1　射程五〇〇kmから五五〇〇kmまでの弾道および巡航核ミサイルをいう。一九八七年に米ソの間

で、中距離核戦力を全廃するＩＮＦ条約（Intermediate-Range Nuclear Forces Treaty）が締結され、両国ともに中距離ミサイルを破棄した。しかし、中国が大量の中距離核ミサイルを開発、配備し、ロシアも再び開発を始めたことから、アメリカは二〇一九年二月に条約からの離脱を正式表明した。問題は、アメリカは現状では中国の中距離核戦力を抑止できる中距離ミサイル戦力を実戦配備していないことにある。

では、一切核抑止論を認めないとして、通常抑止を認めるのかという問題です。そして、通常抑止を認めた場合、アメリカとの集団的自衛権は認めるか認めないのかという問題になっていく。また通常抑止の場合、通常兵器による敵基地攻撃能力を認めるか、認めないか。敵基地攻撃も認めないとすれば、考えられるのは最小限拒否的抑止[*2]ということになります。これは我が国の防衛戦略としては——アメリカの拡大抑止に頼っていたからですが——、ハリネズミ防衛論として冷戦時代にはよく議論されていました。じゃあ、最小限拒否的抑止も認めないとするならば、非武装なのかということになる。さらに、非武装だとして、国家の軍隊は認めないとしても、カントや中江兆民も主張したような民兵組織なら認めるのか。民兵組織も認めないとしたら、完全な非暴力で抵抗するのか。非暴力であっても抵抗するのか、それとも無抵抗なのか。そもそも個人の信念である非暴力を誰が全国民に義務化、強制できるのか、それこそ暴力ではないかなど、さまざまな問題があります。

つまり、抑止の問題を考えていくのに当たって、一つずつ詰めていかないといけない問題があるということです。おまえの結論はそのうちどれなのだと問われれば、国際政治学の学徒としての私には自らの結論はありません。いずれを選択するかは国民です。私は国民の総意に従います。

＊2　敵基地への報復の威嚇による懲罰的抑止ではなく、攻撃をしても無意味であると相手に確信させるだけの防衛力を保有して、相手の攻撃を抑止する戦略。

専守防衛の意味が理解されていくかもしれない

柳澤　結論は「ございません」でいいのだと思います。私たちが今、この平均年齢……。

加藤　そうなんですよ。

柳澤　七〇歳以上の我々が議論するときに、こうだと結論を言うよりも、こういう問題をどこまで若い人たちが、国民が考えて覚悟するのかということが問われているのだと思うのです。

加藤　おっしゃる通りです。

林　ウクライナがもし自国を守り切ったら、このやり方が大事だと思う国がいっぱい出てくるでしょうね。

柳澤　そうですよね。私は、ウクライナの戦い方というのは、専守防衛だと思います。

林　専守防衛が国の主権、威信を守ったという結果を期待したいです。それから専守防衛がウクライナ国民の耐えて耐えて命を賭して、ロシアと戦っている覚悟に支えられていることも忘れてはいけないと思います。

柳澤　この間、防衛研究所から拓殖大学に行かれた国際政治学者の佐藤丙午《へいご》さんが、こういう冗談があるんですけれど、として言っていたことがあります。それは、肩撃ち式の対戦車ミサイルと対空ミサイルをたくさん国民に配って訓練しておけば、最も効果的に有事に備えることになって、国を守るのに一番いいねということでした。実際の問題としては、海に囲まれた日本がそういう戦争になるかというとそうではなく、実はミサイルが飛んでくる戦争になるので、国民の側がやることはそういうものとは少し違ってくるとは思うのですけれども。

ウクライナが停戦条件として言っているのは、核武装もしないし、外国の軍事基地も置かないということです。そしてもちろん、敵基地攻撃するなどとは言っていないわけです。ロシアの国内を攻撃するなんてことを宣言してしまったら、それこそ滅ぼされる口実を与えるようなものですから、そういう思いが多分あるのだろうと思います。しかし、それでも攻めてくるような敵があれば、国民が武器を持ったり、あるいは戦車の前に身を投げ出したりして止めるわけです。国を守るってああいうことなんじゃないのかという、そのお手本を見ているような感じがするのです。

それを我々はどう考えるのか。日本で実際に何かあったときに前線に立つであろう当事者がどう考えていくのだろうか。そういうテーマが今問われているのでしょう。

NATOの加盟国なのに国軍を廃止した国もある

伊勢﨑　アメリカへの「依存」が、国内政局において、愛国心の発露となるケースは日本だけではありません。米軍を受け入れるすべての国で繰り返されてきた現象です。しかし、「主権の放棄」がそうなるケースは日本しかありません。再度強調しますが、日本は緩衝国家ではなくて、主権がないことを自分で気づきもしない緩衝〝材〟国家なのです。

そんな日本でも「自主防衛」ということがよく議論されます。でも、アメリカがいなくなったら、その穴を埋めるには、どうすればいいのか？　こういう議論があると、すぐ自衛隊を五倍くらいに増強しなければとかの発想になるのですね。必ずしもそうはならないほかの緩衝国家の実例があります。ノルウェーと同じＮＡＴＯ創立メンバーのアイスランドという北極海に浮かぶ島国です。

アイスランドは、第二次世界大戦終戦から西側陣営の「不沈空母」と呼ばれ続けていました。地図を見たら分かるように、北極圏に位置しています。ロシアの弾道ミサイルが上を通っていくのです。アメリカにとって、対ソ連・ロシアのための空軍力の拠点であり、アメリカがこの小国の国防を肩代わりする協力体制が戦後ずっと継続していたのです。しかし、二〇〇六年、五五年間にわたって続いたアメリカ軍駐留が終焉するのです。

その後、この国は、独自の国軍を増強するという選択を取りませんでした。平和維持活動などの国際協力任務に限定した、それも同国には防衛省は存在せず〝外務省〟の管轄下で、軽装備の小部隊を持つだけに止めたのです。それをアフガニスタンに派遣しました。これで、軍事同盟ＮＡＴＯの一員としての顔は立ちます。憲法が常備軍の不保持を謳《うた》いながら小さな軍隊と徴兵制のあるコスタリカと違い、アイスランドは〝憲法に頼らずとも〟自国の軍を持たず、徴兵制も敷かない独自の選択をしたのです。

日本では、自衛隊や日米同盟の議論をすると、すぐに憲法九条の護憲・改憲の議論になり、思考停止に陥ってしまいます。そうこうしているうちに解釈改憲だけが進み、平和憲法を戴く国家でありながら、交戦法規に関する法制がない異常な世界屈指の軍事国家に成長し、世界で一番戦争するアメリカに「自由出撃」をさせる唯一の親アメリカになりました。

自衛隊をゼロにしろとまでは言いませんが、憲法に頼らずとも自分を通しているアイスランドのような親アメリカ国もあるのだということを認識するべきではないでしょうか。憲法九条は完全に死に絶えたとお墓に埋めて、将来、日本が主権を取り戻したときに掘り返し、その亡《なき》骸《がら》をどうするか、改めて憲法論議をすればいい。

2　国民を戦争に動員する国家でいいのか

ウクライナの生きざまに共感が広がる理由

林　余談になりますけれども、NATO五〇年の軍事史学会に出ていたとき、オーストリアが中立の功罪についてという発表をしました。オーストリアはご存じのように、たくさん戦争をやった国です。冷戦時代になって、オーストリアは東側と接していますから、どうするかということで悩んだ。しかし、中立の立場を取るのです。ただし、オーストリアの赤、白、赤の国旗が象徴していることですが、腹帯を解いたら血だらけの軍服がここだけ白かったというシンボルなのですね。それが示しているのは、必死に戦うのだ、国を挙げて戦うのだ、そうすれば、ほかのヨーロッパ西側諸国は見捨てないだろうという期待だったのです。そして事あるごとに、オーストリアの中立はこういうスタイルなのだということを他国に言っていたということです。そういう意味では、西側諸国が自分の国を助けてくれるかどうかということは何も確証がなかったけれど、何も起きなかったから、結果論としてそれでよかったと思っているという発表でした。

今のウクライナがまさにそんな感じです。必死に戦っている。助けてよと言っているわけですよ。だけど、助けられないけれど、兵器は与えますというやり方です。そういった意味では、戦争の渦中にあって、戦い方の手本を見ているような気がします。

これは日本では非常に難しい問題です。自衛隊だけではなくて、国民みんなが覚悟できるかという部分には難しい問題があります。他方、ヨーロッパの多くの国は、ウクライナの生きざま、ウクライナ国民の耐えて戦っている姿にみんな共感を持っているのではないかと思います。

一般市民を武装させてはいけない

伊勢﨑　二〇二二年三月に、ＢＳフジのプライムニュースに久しぶりに出演しました。テーマはもちろんウクライナです。その冒頭で、キーウ在住でウクライナ人と結婚し現地に在住している日本人とスカイプでつながり中継したのです。彼も動員されたそうです。自動小銃を配るから集合せよと。でも、武器は一度も触ったことも、訓練もされたこともないということでした。たまたまそのときは銃の在庫が切れて帰されたということでしたが、これからどうしたらいいか分かりませんという反応でした。

これは大変に問題ある状況です。これがちゃんとした既存の徴兵制の運用での動員であれば別の話ですが。

徴兵制とは、国家が国際人道法に対する責任のもと、国民を動員する一つの制度です。国家の責任で国民を動員する以上、軍事訓練に加えて、敵の捕虜を虐待してはいけないとかジュネーヴ諸条約など基本的な戦時のルールをその国民に教え遵守させ、そしてその違反があればちゃんと自前で裁き法治する法体制を常備するのは、国家の義務です。

ウクライナには徴兵制があります。ゼレンスキー大統領は、今回のロシア侵攻の直前までは、その徴兵制を廃止する将来に向けて、国民の軍事訓練制度を充実し、予備役を増やして、より統制の取れた国家の軍事力を増強する措置に移行しようとしていました。平時に徴兵制や予備役という制度設計があり、その制度に基づいて日ごろからの国民の準備があり、いざ万が一の戦争になったとき「一般市民よ、銃を持て」という指示をするならよいわけです。しかし、それをしていない、何の経験もない一般市民にいきなり銃を取らせてはいけません。

平時にその準備のない無辜の一般市民をいきなり戦争に駆り出すと、戦場はさらに混乱し、年齢制限なんかもおかしくなっていってしまう。少年兵という深刻な国際問題は、まさにそういう現実の延長にあるのです。アフリカの野蛮なゲリラ組織でも、最初から子どもを兵器として使うなんてことはしません。戦場が疲弊し混乱した結果、それが起きるのです。ウクライナの場合は、まだ正規軍がちゃんと戦っているのです。

武器を取らないからこそ、無辜の一般市民は、国際人道法が保護する対象になるのです。本来なら、大統領というのは、その国際法に依拠して、一般市民を敵から守るべき存在なのです。

ゼレンスキーの言動は、ロシア国内でのプーチンへの支持率の高まりに、一役買っていると思います。この理由で、大統領としてのゼレンスキーは、僕にとって完全に〝アウト〟です。

戦争の際に国民は何に参加するかを明確にしておくことの必要性

林　今、伊勢﨑さんが言われたことで一つ教えていただきたいのは、地続きの国が隣にあって、その地続きに脅威があって対立する、戦争するという状態になったときに、一般市民には銃を取らせないということが成立するのでしょうか。私は成立しないと思います。だから、日本から見るとオーストリアのやり方は、特殊なのです。今、ウクライナがやっているのも同じです。だから、専守防衛という思想は別にして、ウクライナが一般市民に求めてやっていることについては、島国である日本にも適用できないし、アイスランドでも適用できない。しかし、一般市民が銃を持って戦うというのは、ああいう地続きの国だったら仕方がない面があるのです。その文化がアメリカにまで渡っていっているのです。

伊勢﨑　いくら侵攻されて防衛しなければならないとはいえ、いきなり何歳から何歳までの男子の出国を禁止して戦えというのは、ちょっと違うと思います。それを今回ウクライナはやっていて、僕はそれを批判しています。

僕だって、自分の家族を守らなければならない局面が来たら、多分、銃を取るでしょう。でも、政治家がそれを国民に強要してはいけません。特に国家元首はそうです。だって、政治家の仕事というのは、国民を守ることでしょう。職業軍人は別で、戦ってもらわなければいけないけれども、一般市民に甚大な被害が出ないように、どんな相手とでも政治交渉をすることが国家元首の責務だと思います。

この前提で、もし国民を動員するのであれば、必要なのは平時からの制度設計です。護憲派の信奉するコスタリカは、憲法で国防の義務をすべての国民に課し（第一八条）、国民の動員の決定の手続きを厳格に定め（第一四七条）、「国家緊急事態」を定義し、強制収用や被害に遭った国民の財産を国家が補償する手続きを定めています（第四五条）。まずはこういう制度設計を国民に問うべきでしょう。

林　はい。もう一つ言わせていただければ、例えば、東日本大震災のときに、陸上自衛隊が七万人派遣されました。これは陸上自衛隊の現員が一五万ですから、その約五〇％に当たります。一方、南海トラフ大震災で必要とされるのは、その被災規模が三倍と見積もられていますから単純に災害派遣の自衛隊員も二一万人必要ということです。そうすると、簡単に言ってしまえば、どんなに頑張っても陸上自衛隊員の数では圧倒的に足りない。数が一五万人の現在員しかいないのですから十分な国民保護は無理なんです。

だから私は、戦争とは限らずに、日本の場合は総動員法のようなものをつくるべきだと思っています。何かあったときに、国民が何に参加するのかを明確にしておくということです。それも何もないと、国民は、自衛隊に金を払っているのだから守れというだけになってしまう。おまえは行くのかと問われた国民は、私は金ももらっていませんから何もしませんという話になってしまう。そうなると、日本というのは本当に脆弱《ぜいじゃく》で、侵略者に簡単に乗っ取られてしまう国になると思います。

国防の本質は国民の命を守ることではないのに

柳澤　総動員の仕組みがいるかどうかという話も出ましたが、この流れで言えば、結局、政治の役割というのは、伊勢﨑さんが言うように、国民がそういう状態にならなくていいようにすることだということです。まずは、戦争を回避する政治をすることです。

けれども、日本の政治の現場から出てくる議論を聞いていると、そういう発想が全然聞こえてこない。このままでは日本を守れないから敵基地攻撃をやれとか、核兵器を持てとか、憲法を変えろとか、そんなことばかりです。それが国民の命を守るために必要だという言い方をするのだけれど、違うだろうと思います。ウクライナで今行われていることは何かといったら、ゼレンスキーが国民に「戦ってください」と言っているわけです。国民の命を守りますと言うのではなくて、命がけで国を守ってくださいと国民に要求しているのです。

それが国防の本質なのであって、そういうことを自信を持って言える政治家が本当に日本にいるのだろうかが疑わしい。また、そういうことを真剣に受け止められる国民が日本にいるのだろうかというところが問題なのです。それはそう思わない国民が悪いと言っているのではなくて、単純に言えば、守りたい国だから命をかけるのでしょうということです。ウクライナの人は、ロシアに支配されたら、それは耐えられないということを嫌というほど経験しているわけだから、命がけで抵抗しているのです。

日本の場合、特に台湾有事のような状況では、ミサイルが降ってくるのを耐え忍んで、本当にどこまで命がけでやるのかということになる。台湾有事を考えれば、ウクライナのように戦車が押し寄せてくるのではなくて、ミサイルが降ってきて、ショッピングモールが瓦礫の山になってしまうような戦争になります。その際、生存者を救助したり、瓦礫の後片づけをするのに自衛隊では手が足りないから、一般市民の皆さん集まってくださいという話になる。そういうことも目の当たりにすれば、日本人はボランティア精神もあるし、やってくれるんだろうと思うんだけれど、ミサイルがいつ落ちてくるか分からないわけで、本当に危険を承知でやってくれるかという問題です。

いずれにせよ、戦争とはそういうものですから、国民の命を守るのではなくて、国民に命を要求するのが本来の国防であり戦争の本質だということです。そこを政治も国民も理解してないところに、すごく危うさを感じるのです。

林　加藤先生が言われた抑止をめぐる議論も、究極的には、そこにベースを置くことになっていくと思います。そういうことをいろいろ議論していった結論として、自衛隊がいるからいいやではなくて、国民が自ら何をするのかという部分が抑止の根幹になくてはならないと考えます。

国家総動員法は国民を戦闘員にすることにならないか

伊勢﨑　すみません。柳澤さんの発言で触発されました。繰り返しますが、敵と〝対話〟して戦争を回避するのが政治家の役割。これはすべての前提です。一方で、その対話が実らず戦端が開かれてしまったらどうするか？

始まってしまった戦争がエスカレートして、いっそう多くの国民が犠牲にならないように一日も早く〝対話〟することも、政治家の役割だと思います。それが「停戦」の交渉です。

停戦とは、その機会もなく敗戦した日本人にはなかなかピンと来ないようですね。一般論としては、戦況が〝ある程度〟硬直して、双方がこれ以上戦っても上位の戦争目的が達成できないという雰囲気が醸成されるときに可能になるものです。強力な仲介者が入ってくることで合意形成はより堅固なものになり、願わくは和平協議へ向かうというシナリオですね。ウクライナ戦争のまさに今の戦況がそうで、トルコなども仲介に動いています。

実は僕にはウクライナ人の教え子がおりまして、日本語がペラペラだから、僕のネットなどでの発言を全部読んでいます。僕はこれまで言ったような理由でゼレンスキーを結構批判しているのですが、それに対して批判を寄せてくるのです。

ウクライナ国民は徹底抗戦するしかない、ウクライナ国民の一致団結した徹底抗戦の意志をくじくのか、と。僕のもとで平和構築学を学んだこの学生が停戦反対論者なのです。甚大な被害を日々受けている戦争当事国の国民だから、しょうがないのですが。

ここでちょっとした自分史を語らなければなりません。僕の家系はサイパン入植者で、「伊勢﨑」の一族郎党は戦前に小笠原からサイパンへ行き、第二次世界大戦末期、二〇二一年に九八歳で他界した僕の母を含め数人を残して、現在観光名所になっている「バンザイ・クリフ」から身を投げて全滅しました。「アメリカは悪魔だ。捕まれば拷問され、レイプされ、殺される。そうなるくらいなら天皇陛下のために自決せよ」という言説に囚《とら》われ、一般市民が、現場を支配していた同調圧力で、自ら「死の忖度《そんたく》」を選んだ悲劇です。でも、飛び降りる前にアメリカ兵の説得で投降した人々は、捕虜収容所で手厚く扱われたそうです。

目の前に現れた悪魔は本当の悪魔かもしれないが、「悪魔化」の犠牲は常に無辜の一般市民なのですね。「国家のために死ね」という徹底抗戦が、玉砕です。これを経験した日本人が、日本が戦争当事国になっているわけでもないのに、徹底抗戦せよと一般市民を率いるゼレンスキーをなぜ応援できるのか。どう考えても僕には分かりません。

林さんがおっしゃっている総動員法というのは、はっきり言って、僕は生理的にダメです。ごめんなさい。

林　いや、新たな一つの考え方での国家総動員法であって、危機管理上、国民がどういう役割を果たしていくかということで、自然災害から何から全部含めた一つの体系をつくらなければいけないということです。国を守るための戦闘というものとはまったく別枠で、総動員は総動員でつくり直さなければいけないということです。基本法としては、いわゆる危機管理に国民全員で何らかの役割を果たすんだということです。

伊勢﨑　それは、どうしたって、国家が徹底抗戦のために、一般市民を国際人道法上の戦闘員にするということです。前半で議論したように、日本はジュネーヴ諸条約を批准しながら、

「上官責任」を含め戦争犯罪に対する国内法整備をやっていない〝無法国家〟なのですよ。そこに国民を動員する？　僕は気が遠くなります。

日本では国際人道法の教育が遅れている

伊勢﨑　僕が出演したBS番組で、ゲストが僕のほかに二人いたんですが、そのうちの一人は航空自衛隊出身の自民党の参議院議員でした。宇都隆史《うとたかし》さんという。

林　あー、私が幹部候補生学校長時代の教え子です。

伊勢﨑　彼と意見が一致したところが一つだけありました。それは前述の戦闘員と一般市民の区別のことです。つまり、最初から一般市民に銃を取れと公言してしまったら、結果として、敵が一般市民を撃てる口実をつくってしまうのではないかという僕の発言に、彼はその通りだと。日本では特に国際人道法に対する教育がなってないと言っていました。

このウクライナ戦争の場合、ロシアが侵略する側、ウクライナが侵略される側ですね。現代の開戦法規、国連憲章第五一章に違反したのはロシア側です。戦端を開く口実を厳密に限定した開戦法規の違反者はロシアです。

二〇二二年四月、首都キーウ近郊のブチャにおいて、ロシア軍が撤退した直後に数百人の市民の遺体が発見され世界に衝撃を与えました。明確な戦争犯罪として、国連をはじめ各国は、独立した公平で迅速な調査を要求しています。

これと前後して、もう一つの事件が明るみに出ました。ブチャ虐殺に前後して、キーウ近郊で、逆にウクライナ軍と思《おぼ》しき兵が、拘束したロシア兵を射殺する映像が公開されたのです。国際メディアは即座に反応し、ウクライナを支援しているはずのＮＡＴＯ事務総長から「すべての戦争犯罪は厳粛に対処されなければならない」という言説を引き出しました。

無辜の一般市民への攻撃を筆頭に、戦闘中に拘束された捕虜への危害が厳禁され、それらを犯すことがいわゆる「戦争犯罪」です。圧倒的な軍事力で迫る侵略者のものが多発するのは当然でしょうが、被侵略者だからといって免責される戦争犯罪は存在しないのです。

一度戦端が開かれたら、その瞬間から交戦法規、国際人道法の世界に入る。開戦法規での違法性は交戦法規へ引きずられない。「先に手を出したのはおまえの方だろうが」という開戦法規上の言い訳は、交戦法規上の戦争犯罪には通用しないのです。これへの理解が、日本では、国民だけではなく、政治家や軍事評論家にも、驚くほど欠けているのです。でも、ここが理解されないと、真珠湾攻撃した日本は、原爆投下の非道性を訴える根拠を失うことになってしまうのに。まったく。

もう一つ重要なのは、戦争犯罪は、ジュネーヴ諸条約などの交戦法規を批准するそれぞれの国に、第一次裁判権があるということです。つまり、戦争犯罪を行った当時国に、まずそれを裁く責任があるのです。その責任の行使の不十分さ、もしくは不施行をめぐって、ＩＣＣ（国際刑事裁判所）や国際戦犯法廷の話が始まるということです。

日本には、戦争犯罪に対する第一次裁判権という発想が皆無なのです。憲法九条で戦争しないと言っているのだから、戦争犯罪を起こすことについては考えない。国家の指揮命令の責が問われるような大それた事件を憲法九条の日本が招くはずがない。一種の安全神話が、日本人を支配してきたのですね。

ウクライナ側が捕まえたロシア兵捕虜を見せしめのように壇上に並べてメディアに晒《さら》したことがありました。実は、あんなことでもジュネーヴ諸条約違反なのです。だから早速、欧米の人権団体がそれを指摘する声明を出しました。これをテレビ番組で僕が指摘したら、防衛省でも教えている日本赤十字の有名な先生からメールで激励のメッセージをもらいました。自衛隊でもあまり重点的に教えていないようですね。

林　今の点は、はっきり申し上げまして、教える時間がないのです。私が防衛研究所で戦史部長を拝命しているときも、ＰＫＯ派遣など隊員の部隊単位での海外勤務機会が増え、国際法や語学や派遣先の知識などに特化した教育時間が設けられ、余分と考えられた戦史などの時間が削られました。だから、二〇年ほど以前の話ですが、世界史上有名な八人ほどの将軍・提督の名前を挙げて幹部候補生学校で問うたところ、全部正解できる防大出身の幹部候補生は三〇%もいなかったという調査結果がありました。そんな状態ですから、自衛隊は、教育教育と言いながら、教育の時間が足りていません。

3 「身捨つるほどの祖国はありや」

逃げることを「卑しい」と言った元官僚

加藤　我々の時代にできるかどうかは自信がありませんけれども、将来的に、後世に残さなければいけないのは、一つは、戦争が回避できるような考え方です。そしてもう一つは、抑止というものを詰めて、詰めて考え、日本の抑止は、国民全員が議論し、行動することだと思います。戦争になったら、最終的には命を投げ出す話ですけれども、それを誰がどこまで実践するのか。

日本人の多くは勘違いしているのではないかと思っています。国防というものを、国民の生命、財産が最優先課題だという見地で捉えている。もちろん、震災、災害のときにそれが重要であることは論をまたないですけれども、本当の意味で国を守るというのは、憲法体制を守ることなのです。憲法は英語ではコンスティテューションと言いますが、それは憲法であり国体という意味です。それを守ることが国防なのです。

国民の生命・財産を守る役割を持っているのは、基本的には警察と消防です。政治家はもちろん、国体を守ることと生命・財産を守ることと、その両方を追求していくでしょう。しかし、そこで最後になったときに、それこそ選択が求められる。国民の生命・財産を犠牲にしてでも国体を守るのかどうかという選択です。今、ゼレンスキーが行っているのはその究極の選択なのです。これを認めるかどうかの議論が日本でも本当は必要なのです。

プライムニュースの話が出ましたが、哲学者の浅田彰《あきら》さんが出た回があります。一九八〇年代に『逃走論』（ちくま文庫、一九八六年）で一世を風靡《ふうび》した哲学者、思想家ですが、彼は、プーチンのために命を捨てるなんてばかばかしい、だからみんな逃げろと言ったのです。その翌週でしたでしょうか、外務官僚を経て柳澤さんと同じく内閣官房副長官補をやった兼原信克《かねはらのぶかつ》さんが出てきて。浅田彰さんの前回の発言に対して、一言、「卑しい」と言い捨てました。逃げることは卑しいと。

伊勢﨑　「卑しい」ですか。

加藤　まさに、その二つのこと、命を捨てるのか逃げるのか、そこを我々は議論しなければいけないのです。そこを議論するに当たって、私がいつも取り上げるのは、一九五七年の寺山修司の短歌なのです。

自衛官は自分を否定する憲法のために身を捨てる

マッチ擦るつかのま海に霧ふかし身捨つるほどの祖国はありや

我が祖国は、我が身を捨てるほどのものなのかという問いです。終戦から間もない時代にあって寺山は反語的にないといったのでしょう。なぜこの短歌が身に染みたかといえば、自衛隊の宣誓書にあります。私のように防衛研究所の教官も含めすべての自衛隊員は、自衛官と同様、服務の宣誓文に署名するのです。今から四〇年前です。そこには、「事に臨んでは危険を顧みず、身をもつて責務の完遂に務め」とあります。そのときには、ばかばかしい、こんな国のために身を捨てるものかと思った。

柳澤　私も防衛庁（当時）に入庁する際にサインしました。

加藤　なんだこれはと思いながらサインしました。でも同時に、その宣誓文の中に書いてあるのは、「日本国憲法及び法令を遵守し」ということなのです。その日本国憲法は自衛隊を否定しているのに、その日本国憲法を守るということを、自衛官は宣誓しなければならないのです。これは自衛隊員が抱える矛盾です。自分の命をかけて、自分を否定する憲法体制を守れと言われているのですから。こんな組織なんてどこにもないですよ。

柳澤　そこはだから、憲法が自衛隊を否定しているかというと、私ら防衛関係者のいちおう広い前提としては、専守防衛の自衛隊は認められていると。

加藤　それはそうです。でも、普通に読めば、原理原則からしたら、自衛隊は否定されています。この話をしてくれたのは、防衛研究所にいたときのある自衛官でした。普通、憲法のようなものは、義務教育を終えた人間が理解できる範囲のものであるべきであって、憲法学者がこねくり回してようやく理解できるようなものであってはならない、と。なぜなら憲法は国民同士の契約書であり聖典だからです。

私はこういう組織を、「ろうそく的自己否定の論理」と言っています。ろうそくは自らを燃やして人々を明るくともすのです。こうした矛盾した、自己犠牲の組織、自衛隊があるということ、これをみんなで考えないといけない。本当に強く、強くそう思っているのです。そして、もう一度言います。「身捨つるほどの祖国はありや」。

国を守るバックボーンを自衛官に与えられない現状

林　自衛官であったということ、幹部候補生学校長であった経験から、ただ今のお話について割り込ませていただきます。加藤さんのお話を私なりに表現しますと、自衛官が命がけで仕事をする、命がけで自分のミッションを果たす精神的バックボーンを使命感という言い方をしています。そして、使命感をどのように身につけるかということについては、核心を突く指導に悩みがあると思っています。

自衛隊では服務の指針として「自衛官の心がまえ（使命の自覚／個人の充実／責任の遂行／規律の厳守／団結の強化。一九六一年六月二八日制定）」を示しています。「愛国心」や「武士道」は大東亜戦争の後遺症として敬遠されています。

私は、奈良にある幹部候補生学校の校長を拝命していたとき、朝三時半ごろ、候補生を叩き起こして、お水取りで有名な二月堂まで私語を禁じ黙して約七km走って上がり、二月堂のろうそくの明かりのもとで僧侶が行っている勤行を背に夜明けを見せるのです。奈良盆地の上に漂う霧が晴れていくのを見せて、おまえらが守るのはこの故郷《ふるさと》だよって言う。やったのは、それだけです。その一つの情景に対する思い入れがあればいいと私は考えるんですよ。

今、加藤さんがおっしゃったように、自衛官は使命感のバックボーンを持ってない。持っていてもそれが本物であるかどうか誰も言い切れません。国を守るバックボーンを誰も与え切れないのです。そういうジレンマがまだまだあるのですけれども、現場の指揮官はなんとか知恵を働かせてやっている。その点から見ても、ウクライナの事態は非常にいい手本になると思います。

伊勢﨑　その「卑しい」の発言主ですが、〝無法国家〟日本にとって、「戦え」と上官から部下や動員された国民に発せられる〝命令〟とは、上官責任が問われない「卑しい」ものであることを、元上官であるその方は思い知るべきですね。

僕だって、銃を取って戦う決意をするときはあるでしょう。そういう状況としては、まず自衛隊が力尽きて壊滅していること。そして、僕が家族と住んでいる周辺に敵の歩兵が散見され始めること。そんなときでしょうか。

林　伊勢﨑さん、総動員はもう決まりですよ。東日本大震災のとき、二四時間不眠不休で働くようにするために、七万人の自衛隊員を二つに分けたのですよ。半数で三万五〇〇〇人。二〇〇名以上の死者が出た市町村は二〇を超えるわけですから、その隊員が、そこを捜索していった。三万五〇〇〇人を二〇で割ったら何人になりますか。二〇〇名以上の死者が出ている市町村に均等割りすると、一七五〇名の自衛隊員の災害派遣です。一〇〇〇名以上の死者を出した五市町村も一七五〇名の災害派遣です。それでは足りないんです。

伊勢﨑　そうですね。

林　よろしくお願いします、その節は。

強制ではなく一人ひとりの自覚にできるか

伊勢﨑　だけれども、もう一つ言っておかなければいけないのは、そのときに僕が銃を取るのは、政府に言われるからではない。そこが重要です。

柳澤　強制するのが正しいのかどうかということですね。

伊勢﨑　国民に強制する前に敵と政治交渉しろ、と。それができない政府なら、逆にそっちに銃を向けるかもしれません。クーデターですね。僕は、そういうオルグは得意なので。とにかく、日本政府や日本の政治家が言い募る国家主権などには、〝死んでも〟命は賭けません、僕は。

林　そういう意味では、ウクライナをめぐっては、いいことしか伝わってないかもしれないです。けれどもというか、だからこそというか、刺激的ですね。

伊勢崎　当事国でもないのに、単なるバカ騒ぎ。ウクライナの悲劇を嫌中、従米、そして九条護憲などのポジショントークに利用するだけの熱狂。ただそれだけ。

柳澤　だから、加藤さんの言われた「身捨つるほどの祖国はありや」というのは、そこが一番本質的、根源的なところなのですね。戦前であれば、「万世一系の天皇、これを統治す」という神国日本の臣民として、それは当たり前だと教育勅語で叩き込まれてきたわけです。身を捨つるべきものはそこにあるという教育を受けてきたわけです。

しかし今どうするかといったら、それは本当に、一人ひとりが自分の胸に手を当て考えなさいということだと思うのです。本当に死んでも守りたいような社会なのかということです。今、伊勢崎さんがおっしゃったように、自分の家の近くに敵が来て、家族が危ないとなったら銃を取るというのは、多くの人が多分そうなのだと思います――そのときに銃があればの話ですけれども。

しかし一方で、今の若い人たちには、自分がアイデンティティーを感じる基礎になるような人間関係が必ずしもないし、そのときに何を守るかという問いへの答えがあるのだろうか。気の利いた子は自分の身を守るというかもしれないが、この際死んでもいいと思う若者もいるかもしれない。自分の存在がきちんと位置づけられるような社会が見えなくなっているのではないかという心配があります。

だから、まずは、自分の身の回りの社会を、自分の頭で考えてちゃんとつくろうよということです。それを自分の生きざまとしていく。そこから始めないと、日本という国の国防は成り立たないのではないかという気がしてしようがありません。

日本はウクライナの復興には行くべきだけれど

林　非常に難しいのは、先ほど申し上げましたように、ウクライナは地続きに敵対する相手がいるということです。歴史的にも地政学的にも、ヨーロッパの国々、大陸の国々というのは、生きるか死ぬかをくぐり抜けてきています。そういう目に日本人は遭っていない。正直言いまして、日本列島にずっと住み着いている日本人は、ウクライナ人を見倣えと言われても、とてもじゃないけどそういう精神構造を持っていません。そこにも大きな難しさがあるし、抑止を精神的な構造からつくり上げていこうというときにも、セオリーがない。真似《まね》するものもないのです。
イギリスの場合、海軍戦略家ジュリアン・コーベットが言っているのは、七つの海を制覇するに際して、イギリスに必要なのは海軍戦略ではなく、国家戦略の中の海軍だということです。海軍の戦略ではこれだけの世界の海を全部制海できるはずないというのです。だから、シーレーンを守るとか、チョーク・ポイント*3を守るとか、そういう意味で考えなければいけないのに、まるで大艦隊を持ったら七つの海を全部イギリスが支配できるような考え方でいる。そういう人間が多過ぎるというのです。

*3 戦時・平時において国家の命運を左右する要衝で、地上においては城塞、間道など、今日では鉄道ターミナル、飛行場、特に海洋においては港湾、海峡、運河、島嶼《とうしょ》などをチョーク・ポイントという。

その辺をどういうふうに、国際地政学研究所の活動を通して国民の皆様に分かっていただけるのか、いつも考えております。小さい力ですけれど、できることをやっていきたいと思っています。

柳澤　冒頭で伊勢崎さんが、ウクライナの戦争被害の補償問題を述べられました。私もどうすればいいか考えがまとまりません。七〇兆円とも言われる戦争の被害を出しておいて、ロシアは、あとはほったらかしにして、日本はお金出してくださいということになっている。いや、出せるものは出すんでしょうけれども、本当にそれでいいのかい、ということです。

伊勢﨑　もう遅いじゃないですか。ゼレンスキー大統領をオンラインで国会に呼んで、全会一致でスタンディング・オベーションしちゃったのですから。もう日本総意で、これから援助の狂騒に巻き込まれる。アフリカの内戦国や、パレスチナ、イエメンなど、もっと深刻な人道危機が同時進行中なのに。

林　ウクライナの復興には人間も一緒に行かなければいけません。

柳澤　それは日本の得意技ですから。瓦礫を片づけるようなことは、喜んで行くべきだとは思うのですが、ぶっ壊したやつが涼しい顔をしているのが、何ともいえません。

それと最近、昔から知り合いの自衛隊募集相談員をやっている高齢の人から電話があって、ウクライナ戦争が開始されて以来、自衛官募集で若者に声をかけていいのかどうか迷っているということを話していました。これまでは「君が戦場に行くなんてことはないよ」という説得の仕方をしていたと思うんです。善意でね。それがもう言えなくなってきているという感覚があるのだろうと思います。そういうことも、本当に今、この状況の変化の中で、政治家も国民もちゃんと考えなければいけない。いいかげんなことをもう言えない時代になってきたということだと思います。

第五章

開戦から100日を過ぎた時点で——寄稿

2022年6月29日、NATO首脳会議で、尹錫悦大統領、ジョー・バイデン大統領、岸田文雄首相ら日米韓首脳が会談　写真：AP／アフロ

1　プーチンの戦争と戦後処理ないし秩序の回復

林　吉永

二〇二二年二月二四日に始まったロシアのウクライナ侵攻（以下、本稿では「プーチンの戦争」といいます）には「地政学／RMA／戦争責任」にかかわる現象が顕著に見られます。

地政学の観点から

戦争には「戦争が国家間や国家群間で行われる政治の継続である」ことと「国家の戦略的で地理学的企図」が包含されています。

日本の朝鮮半島および満州、中国進出が促され日清戦争（一八九四―一八九五年）、日露戦争（一九〇四―一九〇五年）、日中戦争（一九三七―一九四五年）に至った背景には、当時の大国ロシアが北東アジアへ南下する脅威に対して日本の積極的防衛線を大陸に構築する軍事行動がありました。

朝鮮戦争（一九五〇―一九五三年。休戦―現在）勃発は、極東の統治者であったD・マッカーサーがアメリカNSC（National Security Council）の決定および指示「ソ連を核とする共産主義勢力に対抗する日本の再軍備を柱とした東アジア版NATO構築および朝鮮半島における米軍の駐留継続」に消極的だったことにも起因しました。金日成は「米軍の油断に付け込んだ南進」をソ連ヨシフ・スターリン、中国毛沢東に了解させ北朝鮮の南進が始まります。

「プーチンの戦争」は、NATOの東方拡大を牽制してベラルーシ国内およびウクライナ周辺で行っていた軍事演習に続くウクライナ侵攻でした。プーチンは、ロシアにとって対NATOの緩衝国であり歴史的ルーシ兄弟国家ウクライナのNATO加盟願望に対して武力制裁を決断したと考えることができます。

それは、九世紀末から一三世紀にかけて存在したキエフ大公国（キエフ・ルーシ）、一二世紀から一四世紀にかけ存在したルーシの公国で現在のモスクワなどを含む北東部のルーシ、ウラジーミル・スズダリ大公国、ノブゴロド公国はルーシの仲間でした。モンゴルの西進によって多くのルーシ国が支配されます（タタールの軛《くびき》）が、モンゴルの衰退後モスクワ大公国が抜け出し、イワン雷帝がイワン大帝に次いでツァーリを名乗り、ピョートルI世がロシア帝国を繁栄させました。この一連の歴史を私はルーシの兄弟国家の流れと捉えています。

この三つの戦争には「一方的に始まる戦争」および「地理学＋政治学＝地政学」という文脈が存在します。

一九世紀から二〇世紀、ユーラシア大陸の諸国家は相互に主権を侵し侵され、領土を奪い奪われる戦争を盛んにしました。戦争は、ナポレオン戦争後から第二次世界大戦終戦まで約一五〇年の間、記録されているだけでも「世界のどこかで」一五〇回超、累計一〇〇〇年間、殺戮・破壊が拡大していく国家間戦争でした。これらは、地政学的であって、しかも地政学の本来の性格である「覇権との関係」あるいは「覇権掌握の理論」の柱として「戦争の世紀」をつくり出す時代精神に満ちていました。「プーチンの戦争」はこの時代の戦争に似て地政学的で、しかも一九世紀の殲滅戦型の戦いを見せています。

今日、「地政学」という言葉はその概念が曖昧なまま多用されています。地政学についてはドイツの地理学者フリードリッヒ・ラッツェルが著書『人類地理学』（一八八二―一八九一年）序文に「地理学」と「政治学」の融合とし、次のように述べています。

片や地理学、片や統計学や民族学のあいだの有機的関係がひとたびつくりだされると、最後にはいわゆる最も科学的というのではないが、最古の地理学の枝である政治地理学もその当然の場所を占め、折り取られたが今やその幹に再び密接に結びつけられている大枝のように、再び成長して茂ることになる。人類地理学はすでにそれゆえ、最終的にその科学的基礎を受け取らねばならないと言ってもよいであろう。
なぜなら、この基礎の上に立ってはじめて政治地理学は科学として構築され得るのであって、私は人類地理学をこの基礎に据えることが緊急課題だと考えている。私は「時代適合性」という空疎な言葉を私の前に現れている地理学の方向に関連させて、科学に疎遠にとどまっていなくてはならないような限定の光を私に招くつもりはない。真正なものは常に時代適合的である。しかし、ある時代が我々の便覧や教科書のとは違う政治地理学を必要とするならば、それが我々の政治地理学である。それは純粋に地理学的な諸要素、空間と距離を政治的経済的問題に常に強く通用させ、地球全体が大きな政治地域、経済地域に分かれるのを見る。

(『人類地理学』第二巻「人類の地理的分布」由比濱省吾訳、古今書院、二〇〇六年、傍点筆者)

日本では、『地政学入門—外交戦略の政治学』(中央公論社、一九八四年)に依れば曽村保信《やすのぶ》が〝国家などが国際関係を地理学的要因から理解、構築するために考慮する自然・社会科学である〟と地政学を概念づけています。
プロシアの軍人カール・V・クラウゼヴィッツはナポレオン戦争の体験を『戦争論』に著し

（一八三二〜三四年）、神が与えてきた戦争の正当性を戦争は政治の継続と置き換え、戦争の普遍的正当性を主張します。すなわち一方的侵略であっても仕掛ける側にとってはそれらしい正当性の主張が許される戦争の世紀の礎をつくってしまったのです。また、クラウゼヴィッツは戦争は拡大された決闘であると解説し、総力で敵を殲滅する絶対戦争を謳います。

この転換は、「戦争が社会を変革し、社会の変革が戦争を変革する」というＲＭＡ（Revolution in Military Affairs）と呼ばれます。

本文脈からプーチンの考えは、〝ウクライナは自分の影響下に置かない限りネオユーラシア主義の国家群から離れ、ロシアに脅威を与え対峙するＥＵやＮＡＴＯ国家群の一つになってしまう。ロシアにとってキエフ・ルーシ、ベラルーシ、モスクワ・ルーシは血脈の兄弟である。史上、モスクワ大公国、ロシア帝国、ソ連邦、現ロシアはルーシの歴代総主となった。全ルーシの安全保障と繁栄のため、そのツァーリに従えないのであれば「力ずくでも我の意思を強制する戦争」を辞さない〟と、イワン雷帝など偉大なツァーリに自分を重ねたのではないでしょうか。

主権国家誕生以降、戦争は価値観を共有した国が群れをつくって戦ってきました。多くの場合、利益や脅威を共有してポジティヴに「群れ」すなわち同盟や連合をつくります。しかし「プーチンの戦争」は、味方にならないならば力ずくで「我の意思を相手に強制する一方的に仕掛けた戦争」です。主権や領域、国益の拡張のため戦争に勝利して敗戦国を支配下に置く戦争とは異質です。プーチンは、相手を従わせるために「難癖をつけ」自らの正当性を押し通す暴力国家、あるいはテロ国家そのものの行為に走っています。しかもロシア軍には、テロ国家などの他国から雇い入れた、稼ぎが目当てで情け容赦のない、PTSD（Post Traumatic Stress Disorder：心的外傷後ストレス障害）に無縁の傭兵が従軍しています。

RMA――「傭兵の戦争」の観点から

「戦争宣言」は何の意味も持たなくなりました。「プーチンが戦争宣言を行うのではないか」という報道は、メディアや専門家が「ウクライナで起こっていることが戦争ではない」と認識して「プーチンの戦争」を弁護するに等しいと考えます。宣戦布告、戦闘、降伏調印があり、勝者による秩序の回復が行われるといった「戦争の儀式」があったのは第二次世界大戦以前、戦争を伝統的戦争と呼んでいた時代のことです。アメリカのベトナム、イラク、アフガニスタンにおける戦争も同様であって、伝統的戦争の流儀が失われていることがRMAであると言えるでしょう。

さらに「プーチンの戦争」では、ロシア・ワグナー・グループと呼ぶ民間軍事会社が参戦しています。それは、ナポレオン戦争（一七九九―一八一五年）以前の戦勝報酬目当てに参戦する傭兵と異なり、民間の軍事会社が国と契約し「企業利益＝稼ぎ」のために国軍に加わって戦う傭兵です。今日の傭兵は、ヨーロッパ諸国がアフリカなどで行っているダイヤモンド採掘企業が雇用する警備目的の実力集団などさまざまですが、「戦争を稼ぎにする企業が『プーチンの戦争』に雇用されている」ことは、「プーチンの戦争」が「作法なしの戦争形態」をつくっているからと言えるでしょう。

陸上戦闘では、相手の顔を見ながら引き金を引きます。敵がいつ襲ってくるか予測できず、敵は民間人に紛れ識別不能で、戦場の特定も困難なため相手を間違って殺傷することも起きます。そのため陸軍には、戦後、ＰＴＳＤに陥った将兵が多数います。将兵は「国家の命令に従って参戦し殺戮、破壊を行う」わけですが、「同じ人間」である相手国軍の将兵や民間人をターゲットにする戦いで精神を病んでいきました。他方の陸上戦闘のアクターである傭兵には「国軍」を担う感情はなく、単に報酬と引き換えに殺戮と破壊を冷徹に行う職業意識しかありません。このように一般市民を無差別残酷に殺戮する「傭兵の戦争」というＲＭＡが生じています。

「プーチンの戦争」では悲惨な実相がＳＮＳなど、ソーシャルメディアによってリアルタイムで世界中に配信されています。遠く離れた「プーチンの戦争」であっても、人々は映像で悲劇を共有し、残虐行為を行う側に対する憎悪を増し、プーチンに加えロシアにも嫌悪を募らせます。そもそもキエフがキーウに呼び名が変えられたのはこの感情からではないのでしょうか。映像を提供するソーシャルメディアは戦争の情報源ともなります。兵士や国民が所有する映像送信ができる通信デバイスは敵味方、利不利にかかわらず情報として共有され、あるいは情報戦に供されるというRMA現象を拡散、加速しています。

今、ウクライナに武器供与する間接的参戦国が二五か国に及んでいます。チェコ、ポーランド、スロベニア、ギリシア、アメリカ、イギリス、デンマーク、オランダ、ポルトガル、リトアニア、オーストラリア、スペイン、ドイツ、ルクセンブルク、イタリア、ポルトガル、カナダ、ブルガリア、エストニア、フランス、ノルウェー、ベルギー、スウェーデン、スロバキア、トルコの諸国は、それぞれが独自にウクライナの希望に添う兵器・装備を提供しています。

東西世界対立の冷戦時、それぞれに属する中小国家は、南北、東西に分断され対立衝突し、東側、西側盟主の後押しを受け代理戦争と呼ばれた戦争を行っていました。一方、ウクライナは、二五か国にとってＮＡＴＯの盟友ではなく、二国間多国間の同盟連合の関係もありません。ロシアの非合法かつ一方的なウクライナへの侵略・侵攻に対し必死の専守防衛を行っているウクライナを見捨てることをせず、道義的支援を行っているのであり、それは、代理戦争や湾岸戦争の同士軍とも異なる新たな「戦争の正当的間接参戦」というRMAをつくり出しています。

戦争責任の観点から

戦争責任は、「戦時国際法――交戦法規（ハーグ陸戦条約／ジュネーヴ条約）――の無視」に対する代償をどのように負うかということです。その無視は「戦争の合法性」と「非人道的行為」に大別され、さらには「開戦・終戦／交戦者資格／捕虜条約の適用／許容される諜報《ちょうほう》活動／害敵手段の禁止・制限／死傷者の収容・保護／病院地帯／非武装地帯など」にかかる事項に区分されます。

「終戦処理」は、少なくとも第二次世界大戦まで勝者が敗者に戦争責任を負わせるもので、敗者の勝者への賠償が柱となっていました。勝敗に関係なく焦土と化した国の復興はそれぞれの国が自ら負担しなければなりません。敗戦国には国外・国内に精神的物理的戦争責任を果たすことが求められます。戦後処理における「降伏」の儀式は、「戦争責任」を果たす約束の意味を持っていました。もう一方で、将来に戦争責任が遡及されないという不文律も存在しました。

しかし、新たな戦争と呼ばれた冷戦以降今日までの武力衝突においては、ベトナム戦争後のパリ和平協定以外、「戦争終結のけじめ」が見られません。国家の暴力装置を最大限に投入して殺戮と破壊に徹する戦争がもたらす「世界秩序の消滅」をどのように回復するのか、その在り方が問われる「プーチンの戦争」です。

日本の出番はここにある

「戦争の本質」や「軍事力の役割」の見直しを示唆している「プーチンの戦争」ですが、まず、この戦争を終わらせ、続いて国際秩序を回復しなければなりません。そこでは、勃発の蓋然性を秘めた国家間戦争を抑止する知恵として有効な秩序形成が望まれます。

史上初めての国際会議で敵味方が一堂に会して戦後の秩序を議論し、秩序形成に寄与したのは、三〇年戦争(一六一八―一六四八年)後の、ミュンスターとオスナブリュックで開かれた講和会議でのウェストファリア条約締結でした。

「プーチンの戦争」の戦後処理、秩序回復は、現在進行中の停戦協議すらうまくいかないウクライナ、ロシアに負わせるのは至難です。世界の多数国が参集して、新たな「戦時法と戦争責任の在り方」を問う機会が今です。機能しない国連の在り方を問う機会もできるはずです。

第二次世界大戦以降の四分の三世紀の間、戦争の武力行使と無縁であった日本の出番がここにあるのではないでしょうか。日本は、ウェストファリア条約を超える新たな「戦後秩序構築のための国際会議」を世界に提唱し、「二一世紀版『ミュンスター・オスナブリュック会議』開催」を呼びかける資格があると考えます。日本の英知を総結集して本国際会議実現の作業に取りかかるのに早過ぎることはありません。「善は急げ」であり、手をこまねく愚を犯してはいけません。

2 ウクライナ・ロシア戦争の省察

加藤 朗

座談会を終えた直後、四月五日から四月二〇日まで、ポーランド経由でウクライナに入りました。往路はワルシャワからリビウまでバス、リビウからキーウまで鉄道。復路はキーウから鉄道でリビウ、リビウからバスでクラクフに出ました。二〇一七年に訪れた街の現状を見るのが目的でした。ハルキウにぜひ行きたいと思ったのですが、列車は運行しているものの、いつ停止になるか分からず、またハルキウでの宿泊先が手配できず、断念しました。

これまで世界各地の紛争地域を歩いてきました。アフガニスタン、リビア、シリア、スリランカ、フィリピン、ケニア、スーダン、イスラエル。これらの国はいずれも内戦で、ウクライナ・ロシア（宇・露）戦争のような国家間戦争ではありません。夜間外出禁止令の出ているリビウになんとか投宿できた日の深夜午前二時半ごろ、空襲警報で叩き起こされました。幸い攻撃はありませんでした。キーウに滞在した三日間毎日のように昼夜を問わず空襲警報が市内に鳴り響いていました。いずれも攻撃はありませんでした。内戦は極めて限定された場所での戦闘です。しかし、宇・露戦争は全土が戦場です。いつミサイルが飛んでくるか分からず、内戦とは比べものにならないほどの緊張感です。

とはいえ、人々がいつも緊張の中で暮らしているわけではありません。リビウでは日曜日には旧市街の公園に多くの人が集まり、観光や食事を楽しむ、ごく普通の日常の風景がありました。さすがにキーウではまだ日常生活は取り戻せてはいません。二〇一七年に宿泊したホテルは閉鎖され、食事をしたレストランも軒並み閉まっていました。道路にはいたるところにバリケードが置かれ、歴史的な銅像や建物には土嚢《どのう》が積まれていました。それでも小さな商店やレストランも数は少ないながら再開し、徐々に日常生活を取り戻しつつあるようでした。

ウクライナ入国の拠点としたポーランドで、ワルシャワではワルシャワ蜂起博物館、クラクフではアウシュビッツとビルケナウのユダヤ人収容所を訪れました。プーチンがネオナチを理由にウクライナへ侵攻し、対独大祖国戦争の歴史を持つ多くのロシア人がそれを信じた理由が少しは分かった気がします。

帰国以来、宇・露戦争のニュースを見るたびに気持ちが沈み、今ではニュースを避けるようになってしまいました。ただ新聞やテレビの解説、SNSに流れるさまざまな意見を見聞きし、宇・露戦争が日本だけでなく世界の人々の思想や世界観を分断しているのではないかと思うようになりました。この分断の先に新たな思想や世界観が現れるのか、それとも分断が新たな戦争を生むのか分かりません。ただ言えるのは、内外を問わず旧世代の言論の権威が地に堕ちたということです。

宇・露戦争の歴史的位相

まず宇・露戦争をどう捉えるか。宇・露戦争とは何か。開戦当初、驚かされたのは、将来戦はサイバー戦やハイブリッド戦との大方の予想に反して、宇・露戦争が古典的な国家間戦争だったということです。確かに兵器にはドローンや精密誘導兵器など最先端の兵器が投入されていますが、戦術も戦略も古典的な国家間の通常戦争です。それどころか、国際法などまったく無視した民間施設への無差別攻撃、民間人への略奪、暴行、連行など中世に逆戻りしたかのような様相です。そのため多くの人は過去の戦争と比較対照して、この戦争を理解しようとしました。参照する戦争によって、宇・露戦争の性格づけは異なります。当然そこから引き出される教訓も異なります。

①　古典的国家間戦争

第二次世界大戦以前のヨーロッパにおける古典的国家間戦争を引照基準に、宇・露戦争を理解しようとする古典的国家間戦争説。大方がこの説か、この説の変種です。この説の特徴は、大国間政治の観点から宇・露戦争を理解しようとすることにあります。典型的な論者が、攻撃的現実主義者で大国間政治の理論家、シカゴ大学のジョン・ミアシャイマー教授です。ミアシャイマーは一九九四年にウクライナが核を放棄したときにロシアの侵略を予測していたということ、また、同戦争がアメリカのNATO東方拡大の結果の米露の代理戦争であり、いずれロシアが勝利するとの分析をし、親米反露の日本の保守言論界に波紋を引き起こしています。彼の説に従えば、秩序を形成する能力のある大国だけが国際政治のアクターであり、ウクライナのような秩序を形成する能力のない国家は大国に従うしかない小国で、国際政治のアクターではないのです。

この古典的戦争観から引き出されるウクライナへの教訓は、第一に、核保有国になるか（現実的であったかどうかは別にして、核を放棄しなければ、ウクライナは少なくとも地域における秩序形成能力を持つ地域大国にはなったでしょう）、第二に、大国の一部となるか（ロシアの支配下に戻るか、少なくとも東部や南部はロシアに割譲して停戦するかということです）、第三に、緩衝国家となるか、のいずれかです。これは日本への教訓でもあります。

② 帝国の崩壊

二〇二二年六月四日付の「朝日新聞」のインタヴューで菊池努《つとむ》青山学院大学名誉教授が、ウクライナ侵攻を「ソ連帝国」崩壊の一局面であり、「帝国崩壊の際にしばしば生じる血なまぐさい事件の一つだ」と述べています。その動機は、大国としてのノスタルジー、二流国家として軽んじられた屈辱感にあるということです。そういえば大英帝国も最後には一九五六年のスエズ動乱で米ソをはじめ国際社会から引導を渡され、帝国の幕を完全に下しました。果たして「ソ連帝国」が宇・露戦争で事実上敗北して、現在のイギリスのように一主権国家となるか、そうなれば同教授が言うように完全に冷戦の終焉ということになるでしょう。

この帝国の崩壊の教訓は、菊池教授が指摘する通り、アメリカやアジア諸国とりわけ我が国が中国の帝国ノスタルジーにどのように対処するか、にあります。むしろこの教訓を引き出すために、同教授は宇・露戦争を持ち出したのかもしれません。習近平がプーチン同様に「中華帝国」のノスタルジーや屈辱感から行動すれば、「周囲に与える緊張もロシアの比ではない」でしょう。宇・露戦争は決して遠くの出来事、他人事ではなく、ウクライナ同様に隣国にロシアを抱える日本の問題でもあります。

③　満州事変

最近、私はロシアの行動が満州事変の日本によく似ていると感じています。満州事変は日本の国際連盟、つまり法による支配への挑戦です。国際連盟はウイルソンの構想に基づいて設立された国際組織です。元をたどれば、ルソーの欧州連邦構想、カントの平和連合構想に行きつきます。いずれも力に基づく欧州国際政治へのアンチテーゼとして提案されました。欧州諸国が不完全ながらも力の政治から法に基づく政治へと転換したのが国際連盟です。この国際連盟の秩序に、最初にノーを突きつけた国が日本です。一九二八年にパリ不戦条約が締結され、日本は翌年批准しました。この結果、集団安全保障と自衛以外の武力行使は違法とされたのです。アメリカは参加せず国際連盟の集団安全保障も未熟で、自衛戦争についても確かに各国の見解の相違はありました。しかし、日本も含めて、法による国際秩序を承認したのです。それを真っ先に破ったのは、一九三一年の満州事変の処理を不服として一九三三年三月に連盟から脱退した日本です。続いて同年一〇月ドイツ、一九三七年一二月にはイタリアが脱退し、国際連盟は崩壊したのです。

今のロシアは、侵攻直前に国家承認した「ドネツク人民共和国」、「ルハンスク人民共和国」の要請による集団的自衛権行使なのか、ウクライナの「ネオナチ」から一般市民を護《まも》る「保護する責任」に基づく人道的武力介入なのか、あるいは一七世紀末から一八世紀のロシア皇帝ピョートル大帝を引き合いに力の論理で正当化するのか。しかし、いずれであれ国連の秩序を無視した行為であることは言をまちません。連盟の失敗を教訓に国連は法に基づく秩序を構築するために再建されました。確かに、今度も米ソ対立を招き、完全な法による秩序は構築できませんでした。しかし、冷戦が終わり、クウェートからイラクを排除し、一九九一年九月にはブッシュ（父）が「パックス・ウニヴェルサリス」構想を国連で発表して、法に基づく国際秩序が達成されるかに思えました。しかし、アメリカの対テロ戦争、中国の台頭と国際法が蔑《ないがし》ろにされる事態が相次ぎ、そしてついにロシアのウクライナ侵略で国際法の秩序は崩壊寸前です。

ここからの教訓はただ一つです。国際法による秩序を復活させることです。日本への教訓は、どっちもどっち論ではなく、戦後の日本がそうであったように、国際法を守る側に立つべきです。戦後日本はパリ不戦条約の平和主義の精神を憲法の柱に据え、日本も悪かったがアメリカも悪かったなどという保守界隈《かいわい》の歴史修正主義をとにもかくにも抑え込んで、国際法に基づく秩序を維持してきました。冷戦の敗戦国ロシアへの教訓があるとすれば、第二次世界大戦の敗戦国日本に学べということです。

宇・露戦争をめぐる対立

現状の分析は以上にして、宇・露戦争は世界の人々の思想や世界観を分断してしまいました。親宇対親露、理想主義対現実主義、民主主義対専制主義、普遍主義対個別主義、そしておそらく日本だけでしょうが、団塊の年金世代とその後の現役世代との分断です。

これらの分断の淵源を探れば、結局のところ、「神なき地上における秩序の形成はいかに可能か」というホッブズが提起した問題に突き当たります。ここでは紙幅の関係で詳述できませんが、力か法かということです。力は秩序を形成するのに必要です。他方、法は秩序を維持するために必要です。しかし、法だけでは秩序は維持できません。法を護り秩序を維持するには力が必要です。だからといって、力だけで秩序が維持できるわけではありません。最近の俗流現実主義は、力だけが秩序を維持していた一六世紀以前の近世ヨーロッパや日本の戦国時代のイメージで国際社会を見ているようです。もっとも、ロシアの侵略やロシア兵の蛮行を見れば、うなずけなくもありません。また最近の専制主義国家は法などお構いなく力だけが秩序を維持できるといわんばかりに、人々の言論を弾圧し、行動を制限しています。

最後に触れておきたいのは、日本における世代間の分断です。戦後の平和教育を受けてきた団塊の年金世代とその後の現役世代との間の分断です。宇・露戦争は文字通り幕末の「アヘン戦争」です。戦後七〇年以上の平和を享受してきた今の日本国民の不安は、二〇〇年以上の泰平にまどろんでいた江戸庶民の不安に通底するものがあります。この安全保障環境の激変に戦後生まれで泰平を享受してきた団塊の世代は、これまでの平和思考で対応できていません。護憲派が九条を護れと叫べば叫ぶほど、実践がともなわなければ、念仏を唱えているようにしか受け止められません。反米左派が、宇・露戦争はアメリカの代理戦争だと同国を非難すればするほど、反米右派や陰謀論者の言説と寸分の違いもなくなり、両者が手をつなぐことになります。護憲派も、反米左派も右派も、陰謀論者も活動の中心を担っているのは団塊の年金世代です。護憲命の絶対平和主義、反米、親米のイデオロギーの呪縛から抜けられない団塊世代の名誉教授たちと、その呪縛を政治理論、戦略理論、核抑止論などで相対化し、宇・露戦争を論理的に分析する中堅世代の研究者との間には埋め難い学問的、思想的分断があります。

そして今、年金生活者となった私自身は現役世代が団塊世代に抱くルサンチマンを日々痛いほど感じています。「マッチ擦るつかのま海に霧ふかし身捨つるほどの祖国はありや」。年金生活者は「祖国はありや」の問いに、身を捨てて応答するしかありません。

3 戦争犯罪を裁く法体系を日本でも

伊勢崎賢治

憲法記念日の投稿から

今年二〇二二年五月三日の憲法記念日、共同通信のために以下の一文を認《したた》めました。

もし日本が侵略されたら？

ウクライナ戦争が日本人に突き付けた現実だ。そういう非常事態に自衛隊が出動し、あらゆる手段を行使して日本の主権を守ることに、改憲派・護憲派を問わず、多くの日本人に異論はもうないのかもしれない。しかし、私たちが見過ごしている問題がある。

4月、ウクライナの首都キーウ（キエフ）近郊のブチャにおいて、ロシア軍が撤退した直後に数百人の市民の遺体が発見されたとの報道があり、世界に衝撃を与えた。明確な「戦争犯罪」として、国連をはじめ各国は、独立した公平で迅速な調査を要求している。

これと前後して、もう一つの事件が明るみに出た。キーウ近郊で、逆にウクライナ軍とおぼしき兵が、拘束したロシア兵を射殺する映像が公開された。国際メディアは即座に反応し、ウクライナ側を支援しているはずの北大西洋条約機構（ＮＡＴＯ）事務総長から「全ての戦争犯罪は厳粛に対処されなければならない」という言説を引き出した。

今回の戦争において、侵略行為に及んだロシアには国連憲章上の明確な非がある。ウクライナには自衛をする権利が発生するが、応戦の一発から、ロシアと同様に、戦争当事者として戦時国際法のジュネーブ条約を厳守する義務が生まれる。罪のない市民への攻撃はもちろん、戦闘中に拘束された捕虜への危害も厳禁とされ、それらを犯すことがいわゆる「戦争犯罪」である。

圧倒的な軍事力で迫る侵略者のものが多発するのは当然だが被侵略者だからといって免責される戦争犯罪は存在しない。

重要なのは、戦争犯罪を犯した国家にまずそれを裁く管轄権があるという原則だ。つまり自らが犯した犯罪を自らの国内法廷で裁く責任だ。だから上記の二つの事件については、ロシア、ウクライナがそれぞれ独自に立件することが期待されている。それからだ。その立件の不十分さを巡って「国際戦犯法廷」の必要性が議論されるのは。

被侵略者としての日本はどうか？

日本には自らが犯す戦争犯罪を裁く法そのものがない。既存の刑法で足りるとしてきたからだ。しかし、戦争犯罪とは、国家の厳格な命令行動の中で発生するものだ。だから、直接血で手を染めた実行犯より、その命令を下した「上官」をより重い正犯にする考え方が採られる。抗命に対する死刑の恐怖の下にあったとして、末端兵士は訴追されない場合もある。刑法とはある意味で正反対の考え方だ。

世界有数の軍事力を持ちながら、首相を頂点とする「上官」の責任を問う法体系を持たないのは日本だけだ。なぜか？

憲法9条で戦争しないと言っているのだから戦争犯罪を起こすことについては考えない。国家の指揮命令の責が問われるような大それた事件を憲法9条を持つ日本が招くはずがない。一種の安全神話が、一般の日本人の意識だけでなく、政界、法曹界、そして憲法論議を支配してきたからだ。

戦争を身近に感じる憲法記念日を機に、国民的議論を。

ジェノサイド条約を批准していない日本

ウクライナ戦争は、日本国憲法と安全保障にかかわる議論を根本的にやり直す機会になると思います。なにせ、共産党の志位和夫委員長までが「日本有事の際に自衛隊を活用する」を発信する事態になったのですから。

自衛隊を活用すれば、当然「戦闘」が起きます。いえ、自衛隊以外の主体も、それに動員されることになります。

侵略を仕掛ける敵国と、日本の施政区域上で散発的な武力衝突が発生し、敵国兵士が、市中に侵入する状況がいよいよ実感される状況になったら？

その敵国にルーツを持つ日本在住者、もしくは日本人であっても敵に協力する裏切り者と思《おぼ》しき市民に対して、過激な政治団体など一般市民の一部が人間狩りを始めたら？

そして、拘束した敵国の戦争捕虜と一緒に、憎さ余って公開処刑してしまったら？

ここまで書くと、ちょうど一世紀前に「朝鮮人が井戸に毒を入れた」などとデマが拡散され、自警団と称する群衆が数千名とされる朝鮮人を組織的に虐殺した「関東大震災朝鮮人虐殺事件」を想起してしまいます。このような組織的な殺戮は、その道の〝プロ〟の指南がないと実現するはずがありません。しかし、当時の軍部・警察を含めて「首謀者」は誰も起訴されておりません。これが今であったら、確実に「ジェノサイド」として、まず韓国や中国の動議で国連安保理マターになることは避けられないでしょう。そして、国際社会は一丸となって、日本政府に、その「対処」を要求するはずです。

今回のウクライナ戦争で何かと話題になるジェノサイドは、ある政治的な命令のもとで、戦時ではなく平時でも、軍隊だけでなく一般人によっても引き起こされる「戦争犯罪」です。しかし日本はジェノサイド条約（集団殺害罪の防止および処罰に関する条約）に批准も加盟もしていません。ウクライナも、ロシアも、アメリカも、そして中国も、北朝鮮でさえしているのに。

正規軍でなくても敵味方双方の戦争犯罪が裁かれる

日本は敗戦後、平和憲法を与えられ、度重なる憲法解釈を重ねた結果、今ではほとんどの日本人が「専守防衛であれば、戦争犯罪は問われない」と思っているようです。戦争犯罪を定義する国際人道法について、少し説明しなければなりません。

国際人道法の主軸である一九四九年に締結されたジュネーヴ諸条約は、敵と味方の双方の交戦者が犯してはならない違反行為を定義するものです。「双方」というところが大事です。たとえ敵が侵略者でも、ルールを守る義務では〝平等〟なのです。

このときの主な草稿者の一つであった国際赤十字には、「スペイン内戦」が念頭にありました。国家対国家を想定する国際武力紛争に加えて、内戦のような「非国際武力紛争」も国際法に法治させようとする意図がありました。

国家というのは、基本的に国際法に内政干渉されたくないものです。しかし、そういう抵抗があっても、同条約では、伝統的な国際武力紛争と同じように法治されるべき非国際武力紛争を示唆する「共通第三条（the Common Article 3）」が加えられたのです。

その後、世界の戦争はどんどん複雑化し、古典的な戦争よりも内戦、軍隊ではなく非正規な武装組織がより多くの民の命を奪う様相になります。一九七七年には、ジュネーヴ諸条約への第一追加議定書が採択され、それまでは想定されなかった原発への攻撃など新たな禁止行為が追加されました。そして第二追加議定書では、非国際武力紛争における犠牲者（一般市民）の保護が厳命されることになります。

一方で、そういう国際法が法治する非国際武力紛争と、各国が国の威信として刑法に法治させたい内乱や動乱と、その二つをどう区別するのかという議論が、その後、旧ユーゴやルワンダ、そして僕がＰＫＯ要員としてかかわったシエラレオネの戦犯法廷で積み重ねられ、判例として確立されるようになりました。

当初、非国際武力紛争では、まず国家の正規軍がいて、それが非正規な武力組織と戦っているという構図がありました。しかし、僕が経験したシエラレオネ内戦のように、最後には、非正規な武力組織同士の戦いに発展し、もう国家が崩壊していて存在しないも同然の状況でも、戦争犯罪が起訴されたのです。

ですので、国家の正規軍がいようがいまいが関係ない。戦っている者たちがある程度の集団で、武装していて、地域を支配して武力衝突すれば、国際法を守るべき交戦者になる。つまり、戦争犯罪を問われる対象になるのです。国際法を守るべき交戦者が、国際法にとっての「戦力」ですから、この時点で、自衛隊を何と呼ぶかに明け暮れる日本の政局は、まったく意味を失っているのです。

日本の法体系には戦争犯罪を裁く仕組みが欠落している

その後、一九九八年には国際刑事裁判所ローマ規程が採択され、集団虐殺など平時でも起こりうる「人道に対する罪」の定義が拡大しました。前述のジュネーヴ諸条約と、このローマ規程に共通するのは、「命令した者」を処罰する責任を、批准する国家に求めることです。

ジュネーヴ諸条約以前から、兵士個人の自由が極端に制限される国家の命令行動の中で引き起こされる事犯では、まず上官の責任を問うことは軍隊の常識でしたが、それを非正規な武装組織にも当てはめるようになったのです。ルワンダ内戦の戦犯法廷で起訴されているのは、軍人というより、ヘイトを煽《あお》った政治家や地元メディア会社の社長たちです。末端の実行犯の多くは、恩赦か懲役以外の社会制裁に処されることもあるのです。

もう一つ重要なのは、ジュネーヴ諸条約やローマ規程などの国際法は、署名だけすれば済むというわけではないことです。違反行為がその施政領域内で発生したとき、それを立件するために国内法を整備することは、批准した国家の責務なのです。特に、命令した者を裁く責任は、明確に謳われています（「ジュネーヴ条約」第一条約第四九条）。

前述のような戦犯法廷や国際刑事裁判所などの国際司法が実働するのは、当該国家が崩壊状態で立件する能力がない場合、もしくは立件する能力はあるがその意思がない場合に、国際社会が警鐘を鳴らし国連などを通じてアクションを起こすときです。

二〇一九年に、ある議員を通じて衆院法制局にチームをつくってもらい、ジュネーヴ諸条約と第一・第二追加議定書、国際刑事裁判所ローマ規程の国際法上の重大な違反行為を列記し、それに対して日本の現行法がどのように対応しているのか精査しました。結果、ほとんど何も対応していないことが分かりました。

例えば、戦争犯罪として日本人にも分かりやすい、「軍事上の必要によって正当化されない不法かつ恣意的な財産の広範な破壊・徴発」(「ジュネーヴ諸条約」第一条約第五〇条など)、「(a)文民たる住民等を攻撃の対象とすること。(b)文民又は民用物に対する無差別攻撃 (d)無防備地区・非武装地帯を攻撃の対象とすること。」(同、第一追加議定書八五条三)があります。それらに対して、日本の現行法がどう対応しているでしょうか。

「建造物等損壊(五年以下の懲役)、器物損壊(三年以下の懲役又は三〇万円以下の罰金・科料)、強盗(五年以上の有期懲役)、恐喝(一〇年以下の懲役)など」や「殺人、殺人未遂、傷害、傷害致死等」、すべて個別の財産権や身体等を保護するために、実行犯を中心に処罰する対応です。「国民的、民族的、人種的又は宗教的な集団の全部又は一部に対し、その集団自体を破壊する意図をもって行う殺害などの行為」(「国際刑事裁判所に関するローマ規程」第六条)などローマ規程上の重大犯罪にいたっては、大量殺人ということで一人を殺す殺人罪の中でも重い刑は科せられるけど、命令行動の中で行われるジェノサイドや戦争犯罪の概念が適応され裁かれるわけではありません。その意味で、日本の現行法は何も対応していないのです。

そもそもジュネーヴ諸条約とローマ規程の「保護法益」とは、個人的な恨みや動機で行われる殺人・破壊ではなく、敵国とか民族とかの個人の「属性」を標的にする殺人・破壊行為から人間を守るものです。そういう行為は必ず組織的な政治行為であり、だからこそ命令した者を起訴・量刑の起点とします。

日本の現行法、つまり刑法では、正犯が一番悪者であり、手助けしたり教唆したりする人は共犯であり、正犯に従属する立場として処罰される「共謀共同正犯」となります。首謀者は、条文ではなく「解釈」で処罰されるのです。これが刑法の限界であり、トップではなく下から順々に処罰していくのは、国際法が求めるものとは逆なのです。日本のものは、やくざ映画の「親分と鉄砲玉」の世界ですから。

加えて、日本の刑法には国外犯規定があり、日本人が国外で犯す業務上過失を管轄外にしています。日本人には、業務上過失というと交通事故のようなイメージがあるのでしょうか。しかし、誤想防衛、つまり正当防衛のつもりでも、戦場では必ず引き起こされる誤射・誤爆が、日本の現行法では管轄外なのです。

戦争犯罪を裁く法を野放しにしたまま自衛隊活用を言う日本の与野党

侵略者に応戦する日本の自衛隊には、〝専守防衛〟であっても、日本の施政領域すれすれのところで戦闘する局面が訪れるでしょう。そこで、もし、某国籍の〝漁船〟が被弾し、そこは日本の領域外であり、〝民間人〟が多数死傷したと騒ぎ立てられたらどうするのでしょうか。国外犯規定の問題がバレないように自分に嘘をつきながらの、某国との外交争議に、果たして勝機はあるでしょうか。

いや、まず国内の政局から崩壊していくのではないでしょうか。二〇一五年の「安保法制」を審議する特別委員会で、野党から、自衛隊員がもし拘束されたらジュネーヴ条約上の捕虜として扱われるのかという質問に、「自衛隊員、これは紛争当事者国の軍隊の構成員、戦闘員ではありませんので、これはジュネーヴ条約上の捕虜になることはありません」と答弁した岸田文雄外務大臣（現・総理大臣）のように。

日本は、国際人道法を無視した無法国家なのです。つまり戦える体制にないのです。安倍晋《しん》三《ぞう》元首相の言う敵中枢の攻撃など論外なのです。

しかし、それより深刻なのは、首相を頂点とする自衛隊に攻撃を命令する者を、事実上の〝野放し〟にする状態を、本来なら真っ先に問題にしなければならない野党側が、この問題に沈黙したままで、こともあろうか「自衛隊を活用せよ」と言っていることです。

これはすべて、「憲法九条で戦争しないと言っているのだから戦争犯罪を起こすことについては考えない」思考停止が原因です。

こういう事態について僕は以前、憲法九条二項を「日本の領海領空領土内に限定した迎撃力を持つ。その行使は国際人道法にのっとった特別法で厳格に統制される」に変える改正案を提案したことがあります。九条の精神を生かした現実的な提案のつもりでした。

しかし今では、このウクライナ戦争を機に、九条改正を待つのではなく、刑法や自衛隊法などの改正による事態の打開を考えています。

4　ウクライナ戦争の教訓は何なのか

柳澤協二

長期化する戦争

戦争が始まってから一〇〇日が経過しました。ウクライナへの武器供給で戦力が拮抗《きっこう》し、戦争の目標が変化しています。ロシアは、政権打倒を諦め東部二州と南部の制圧に兵力を集中しています。西側諸国は、ロシアとの戦争に発展することを避けつつ、ロシアの弱体化を目指しています。ウクライナは、公式には、二月二四日の侵攻前の原状回復を目指す一方、戦況が許せばクリミア奪還も諦めていないように思われます。プーチンにとっても、原状回復では何のために戦争したのか分からない。こうなってくると、どこを落としどころにするかが見えにくい。だから、戦争は長期化する。

いずれにしても、東部はもともとロシアに近く、ロシアが優勢なところです。東部を防衛するということは、ウクライナが攻撃側に回ることです。だから、ウクライナが苦戦している。しかし、ウクライナが東部を諦めるわけにはいかない。

ロシアは、制裁で確実に弱体化しますが、制裁する側も、冬までエネルギー供給が持つかどうかが試され、世界の穀倉であるロシア・ウクライナからの小麦の供給がなくなって、食糧危機が予測されています。制裁の我慢比べも、数か月、おそらく、年を越して続くでしょう。世界中で命が失われ続けることになる。どちらが勝っても、それが勝利の代償です。

三つの危機と四つの教訓

ロシアの侵攻が示した国際秩序の危機は、三つの点で指摘できると思います。

まず、侵攻は明白な国連憲章違反であり、国連安保理常任理事国の優越的立場を前提とした戦後国際秩序を崩壊させています。次に、プーチンが言及する核使用の脅しは、核廃絶に向けて積み上げてきた国際的な努力への挑戦であり、核不拡散体制を揺るがしています。最後に、ロシア軍による戦争犯罪は、第二次世界大戦後に形成されてきた国際人道法による戦争規制に逆行し、戦争の不幸を加速しています。

ここから、我々は、四つの教訓を得なければならないと思います。

① 戦争で目的を達成することはできない

この戦争の最大の教訓は、いかなる大国も、戦争で目的を達成することはできず、かえって大国の衰退をもたらすという厳粛な事実だと思います。アメリカのベトナム戦争とイラク戦争、ソ連とアメリカのアフガニスタン侵攻も、ことごとく失敗しました。それぞれ、金・ドルの兌《だ》換《かん》廃止、ソ連の崩壊、対テロ戦争からの撤退など、大国の地位を揺るがす結果となりました。大国は、大国であるがゆえに戦争を楽観するのかもしれませんが、もう、いいかげんに目を覚ましてほしいと思います。

② 戦争は、始まる前に止めなければならない

戦争では、報復の連鎖が起こります。双方の戦争継続の意思と手段がある限り、戦争は終わ

らない。戦争における暴力の連鎖が妥協を困難にします。戦争は、始まる前に回避しなければならないのです。そこでは、不本意な妥協も必要ですが、その痛みは、戦争で失われる人命の痛みよりも常に軽い。

戦争は相手の打倒、外交は相互の妥協です。日露戦争の講和をまとめた小村《こむら》寿太郎が「賠償金を取れなかった」という理由で世論に叩かれ、国際連盟から脱退した松岡洋右《ようすけ》が世論から喝采を浴びた歴史があります。私は、政治や外交を志す人なら、どちらを模範とするのかを自問してほしいと思っていました。

③ 抑止の論理が揺らいでいる

ロシアの侵攻を止められなかった直接の要因は、アメリカが軍事介入を否定したことです。一方、アメリカが軍事介入を表明し、軍を展開していたら、ロシアがそれを差し迫った脅威と捉え、かえって戦争を誘発した可能性もある。そして、米露の戦争が世界規模の戦争に発展する危険があったことは否定できません。

大国間戦争は、戦略核の応酬による相互確証破壊によって抑止されてきました。それは、世界戦争を回避する理性が前提でした。大国間戦争を避けようとして中小国への戦争を防げなかったのが今回の戦争です。世界戦争を避ける理性が小さな戦争を招くとしたら、その理性が邪魔なのでしょうか。抑止の理屈から言えばそうなるのですが、そんな理屈はおかしい。つまり、抑止とは違う手法で戦争回避の道筋を見いださなければならない。これが三つ目の教訓です。

④　外交なくして戦争を防げない

アメリカは、ロシアが長年にわたって表明していたNATO拡大に対する不満に対処してこなかった。それは戦争を正当化する理由にはなりません。しかし、ロシアの安全保障上の不安、あるいは大国でありたいという願望を軽視せず、適切に対処していれば、戦争の意思を封じ込める可能性はあった。その外交をしてこなかったことを反省すべきだと思います。外交で戦争を防げるとは言いませんが、外交なしに戦争を防ぐことはできないのです。

また、戦争が終わっても、相互に脅威を感じないようにならなければ、次の戦争の火種が残ります。平和にとって重要なことは、勝敗ではなく信頼の回復です。

国際世論の可能性

明るい兆しがあるとすれば、安保理が機能不全に陥る中で、国連総会が動いていることです。

ロシア非難決議が圧倒的多数で可決され、常任理事国に対して拒否権行使の説明を求める決議がコンセンサスで成立しています。イラン・キューバなど、反米とされる国もロシアの行為を支持できなかった。他方、国連人権理事会におけるロシアの資格停止決議では、反対・棄権が増加しました。

国際世論は、武力行使に反対し、拒否権を使った大国の横暴に歯止めをかける点では一致しています。一方、人権や専制主義といった価値観による世界の分断を危惧しています。

国連総会の活性化は、国連と国際世論による戦争規制の新たな可能性を予感させます。国連も、まだ捨てたものではない。

国際世論は、戦争の正当性を奪い、戦争の政治的代償を高めて、次の戦争を躊躇《ちゅうちょ》させる効果がある。米中・米露の大国間対立が顕著になる中で、地球温暖化、感染症、飢餓や人道危機といった課題が一向に解決されない現状があります。これらは、本当に喫緊の課題だと思いますが、専制主義対民主主義といったイデオロギーを軸にした大国外交で解決できないことは明らかです。ここに、日本のようなミドル・パワーの国が大国の利害と距離を置いて、国際社会をリードする余地があります。

戦争を止めるために日本にできることはほとんどないのですが、日本が中小国の世論を結集することで、よりよい世界を実現することはできる。そこに希望を持って、ここまで壊れた世界の再建に地道に取り組む以外ないと思います。

ウクライナと台湾

日本では、「ウクライナはアメリカとの同盟関係にないからロシアの侵略を抑止できなかった」として、アメリカとの同盟関係を重視する認識が一般的です。しかし、比較すべきはウクライナと日本ではなく、台湾です。

ウクライナは、NATOに加盟していません。台湾もまた、アメリカとの同盟関係にないだけでなく、国家として承認されていません。問題は、同盟関係にあるかどうかではなく、アメリカの防衛意思があるかないか、なのです。

アメリカは、台湾について軍事的介入を否定しない「曖昧戦略」を取っています。介入の意思を明確にすれば中国との関係を決定的に悪化させ、抑止を破綻させるおそれがあり、判断の自由が奪われるからです。それでも、アメリカが軍事的に対応することには信憑《しんぴょう》性がありました。ウクライナ戦争が突きつけた問題は、核を保有する大国との戦争が世界戦争に発展するおそれがあるという単純な事実でした。アメリカが慎重にならざるを得なかった論理は、中国・台湾にも当てはまります。

中国から見れば、政治的・軍事的盟友であるロシアが弱体化することは避けたい。一方、国際世論の反発の中で、ロシアへの明確な支持の表明や、直接の軍事的支援には踏み切れない。また、一国を武力で支配することの難しさを、改めて認識したでしょう。

中国はロシアと違って、経済的にも軍事的にも拡大しています。それが、アメリカと対抗する力の源泉でもあります。中国には時間があるので、ただちにロシアのような暴挙に出ることは考えにくいのです。この時間を生かすことが、台湾を第二のウクライナにしないために必要です。それは、抑止力強化の時間であると同時に、外交の時間でもあります。

戦争の動機の面で言えば、対立の焦点は、台湾の独立を容認するかどうかの一点です。中国が武力を使ってもこれを阻止したいのに対し、アメリカが武力を使ってでも台湾を防衛する、という対立です。一方、台湾自身は、中国と一つになりたくはないが、戦争してまで強引に独立しようとは思っていません。そうであるなら、米・中・台三者の思惑は、そんなに大きく違っているわけでもない。にもかかわらず緊張が高まるのは、台湾が独立を目指し、アメリカがそれを後押しするのではないか、中国は、いずれ武力を使って台湾を支配するのではないか、という相互の不信感があるからです。

それなら、「台湾は独立しない・アメリカは台湾が独立しても承認しない・中国も武力を使わない」という合意をすれば、戦争の動機は生まれないはずです。台湾有事で一番影響を受ける日本が、そういう打診をしてもいい。なぜその発想が出てこないのか、不思議でなりません。

欧州ではNATO諸国の結束が高まり、新たにNATOやEUに加入する動きが出ています。一方アジアでは、反ロシアの結束はおろか、反中国で結束することもありません。QUAD(Quadrilateral Security Dialogue：日米豪印戦略対話)構想の要であるインドも、対ロシア制裁には同調していません。かねてからアジア諸国にあった「米中の二者択一」を受け入れないという認識は、一向に変化が見られません。

東西対立をアジアに投影させるようなロシア排除・中国包囲の外交姿勢では、日本もアメリカも、アジア諸国をまとめることはできないでしょう。

中国の今の目標は、習近平国家主席の三期目を決める(二〇二二年)一〇月の党大会を無事に乗り切ることです。ちょうどそのころ、ウクライナ戦争の終わりも見えていることでしょう。戦後に向けた中国外交の活発化も予想されます。アメリカは、欧州から東アジアに、再び外交の焦点を戻してきます。日本では、敵基地攻撃を含む安全保障戦略の見直しが佳境を迎えているころです。また、制裁にともなう世界経済の混乱が進んでいるかもしれません。そろそろ、戦争後に向けて、冷静な精神状況を取り戻さなければいけません。

戦争なら逃げてはいけないのか？

日本には、ウクライナの人々を支援したいという熱い思いがあります。同時に、悲惨な戦争被害を見ると、戦争になってはいけないという思いもあります。戦争は感情を高ぶらせますが、戦争を防ぐためには、感情や願望に任せた「勇ましい言葉」ではなく、「冷静な思考」が必要です。

ウクライナでは、国民が武器を持って戦い、軍を支援し、ロシア軍に抗議しています。命を落とした国民も多い。国防の本質は、「国民の命を守る」ことではなく、「国民が命がけで国を守る」ことだと気づかされました。

日本の政界では、敵基地攻撃や憲法改正の議論が出ています。敵基地攻撃すれば一発のミサイルも飛んでこないのであれば、それは、国民の命を守る最善の方法です。しかし、敵も反撃してくるのだから、ミサイルの撃ち合いになる。その状況で、すべての国民の命を守ることは、不可能です。国民の命を守るための最善の道は、戦争しないことです。

政治が勇ましい議論をしても、多くの国民は、武器を持って戦いたいと考えているわけではありません。「週刊プレイボーイ」の世論調査では、多くの国民が、いざというときには安全な地域に避難したいと考えています。国民は、冷静だと思います。自分と家族の身の安全を真っ先に考えることは、卑怯《ひきょう》でも臆病でもない。地震や津波でも、それが求められています。なぜ、戦争ではそれがいけないことなのだろうか。

大切なことは、国民が何を守りたいと考えるかです。自分、家族は当然として、職場・地域・サークルの仲間・自分の街……と広がった先に、国家があるのかどうかということです。人は、自分を守ってくれるものを守ろうとするのだと思います。そういう信頼関係が国家と国民の間にないことが、日本の国防を不安にする最大の要因ではないか。政治家もメディアもそこに気づくべきだということが、ウクライナから学ぶべき最大の教訓かもしれません。

おわりに――停戦協議の行方と日本の役割

停戦しても戦争の火種は残るから

柳澤　最後に、今回の戦争の結末をどうするかという問題です。今後の戦況に左右されるとは思うのですが。今回の戦争では、停戦は成立するかもしれないけど、戦争の火種はずっと続きます。それをどうするのかも考えておかねばなりません。

伊勢崎　プーチンはもちろんですが、ゼレンスキーも、今のところ、それぞれの国民の強い支持を維持しています。これは、一般論として、停戦交渉を進めやすい環境にあると言えます。紛争が疲弊化してくると、それぞれの陣営の内部の統制が利かなくなってくるのですね。交渉を「弱腰の妥協」と捉える強硬派が暴れ出すのです。これが心配されるのは、むしろウクライナの方です。ゼレンスキーが民族主義者から背中を撃たれる心配をしなければならない。そうなる前に、早期の交渉が必要です。

占領統治をする軍事能力がないロシアにとって、ウクライナのレジーム・チェンジは当初からのプーチンのブラフであることはすでに述べました。プーチンの方も、求心力のあるうちのゼレンスキー政権の方が、利益を誘導しやすい相手と考えるはずです。

日本では、停戦が〝降伏〟だと、驚くほど幼稚なミスリードがあるようなので、ここで少し説明が必要です。

日本人が理解すべきは、「停戦は事実行為であり、戦争の結果とは無関係である」ということです。領土・帰属問題や民族自決権問題の合意、戦争犯罪の取り扱いは、むしろ戦闘行為が中断されてから時間をかけて議論されるべきもの、とするのが停戦への努力を支える考え方です。

特に戦争犯罪への対処が問題です。停戦の仲介を実務としてやってきた者として、僕も嫌というほどこれを経験したのですが、停戦仲介者に〝不可避的に〟浴びせかけられる糾弾があります。「不処罰の文化（Culture of Impunity）」を促進する悪魔という糾弾です。停戦合意のためには、戦争犯罪などの人権問題は、ある意味「棚上げ」しなければ交渉が前に進まない、という現実問題があるのです。この糾弾に対するレジリエンス（適応能力）をつくりながら進めるのが停戦交渉なのです。

2022年8月18日、ウクライナのリビウで行われた、ロシアのウクライナ侵攻に関するウクライナ、国連、トルコ3者会談。左からトルコのエルドアン大統領、ゼレンスキー大統領、グテーレス国連事務総長　写真：Abaca/アフロ

特に、停戦の仲介は政治的リスクをともないます。国連の中でも平和維持活動の一環としてそれをやるのはニューヨークに本部を置く国連です。これに対して「不処罰の文化」を糾弾するのはジュネーヴに本部を置くもう一つの国連です。これは、国連という組織の中でも生まれる確執なのです。これにNGOなど人権コミュニティからの糾弾が加わります。

停戦仲介を特定の国家の首脳がやる場合、当然それが失敗したときの政治リスクを勘案するでしょう。だからこそ、「棚上げ」を理解する世論が形成されないと、そういう仲介者も出現しにくくなるのです。

今回の場合、ロシアの〝絶対悪魔化〟は、その悪魔と対話しなければならない停戦交渉を支える世論形成を著しく阻害しているのです。

停戦協議はまだまだ難航しそうですが、それが実現し、帰属問題を含めた和平交渉に向かうにしても、戦争の火種は、果たして、恒久的になくすことができるのか。親ロシア系の人々は、東部のドンバス以外にも混住しているのですから、ここまで傷つけ合った民族的な断絶は、紛争再発の火種になり続けるでしょう。ですから、〝戦後〟復興において、日本を含めた西側の援助は、単にインフラ支援だけではなく、民族和解へのケアが焦点となってくると思います。

民族の和解は必要だが問題の性格は異なる

柳澤　そういう意味で、戦争の決着というのは、やはりお互いが納得して認め合わないとあり得ないわけですね。

伊勢﨑　多分傷はずーっと残っていく。おそらく一世紀単位で。

柳澤　残りますよね。

林　今までと違うのは、ロシアがプレーヤーの主役であることです。そのプレーヤーの主役を管理していかなければいけないという難しさがあると思います。大国が管理できないのですから。

加藤　このウクライナの戦争の結果、多分ロシアが大国の座から降りるんだろうと思います。しばらくの間は経済力も回復不能ですから。

柳澤　そうならざるを得ないでしょうね。

加藤　そうなってくると、あとに残るのは、ロシアの巨大な北朝鮮化という深刻な問題が起こることです。

柳澤　分かりますね。

加藤　ウクライナも復興が簡単ではないので、ヨーロッパが相当荒れる、荒廃する可能性が出てきている。

それと先ほど民族和解の問題が出てきましたが、ロシアとウクライナの問題は民族問題ではなくて、ロシアがソ連邦のときに移住政策でいろんなところにロシア人を移住させたことによる問題です。それが今火種になっている。モルドバのウクライナ国境は沿ドニエストル自治共和国で、ここにはロシア系の人たちが入っていて、そこまでつなぐと初めてウクライナの包囲が完成するのです。ロシアは多分そこまで狙っていたのだろうと思います。

ほかのコーカサスや中央アジアにも、一九二〇年代からロシア人の移住が続いています。あの辺りはイスラム教の人たちが多かったんですが、共産党がやってきて徹底してイスラム教徒を弾圧したのです。一体どれくらい虐殺されたか分からないぐらい虐殺した後、そこに住んでいた人々をシベリアに送り込むのです。その後にロシア人が入ってくる。その結果、コーカサスや中央アジアの辺りには、ずっとロシア人が残っている。それを今、残っているロシア人がここは自分たちのところだと言っているわけで、単純に民族問題ではないと私は思っています。ロシアの現状に近いのが旧ユーゴスラビア連邦の崩壊でしょう。ユーゴスラビアも同じように、セルビア人が各共和国にいて、そのことが問題になって紛争が激化しました。セルビアは割と小さかったからみんなで抑え込みましたけれど、旧ユーゴの盟主であったセルビアは不満たらたらです。ロシアに対してはさすがに同じことはできません。

柳澤　それも含めて、旧ソ連のような大国としての求心力を持ったロシアの存在感は確実に失われてしまいますね。

ロシアの悪あがきの行方はどうなるか

林　一つ怖いのは、プーチンの悪あがきでしょうね。

加藤　そうですね。本当に。

林　これであっさり引き下がると思えないですよ。

加藤　独裁者が追い詰められると何をするか分からないというのは、シリア紛争でもはっきり分かったのです。シリアのアサドは、ダマスカス周辺まで追い詰められたのですが、それを助けるためにロシアが軍事介入し、アレッポは平地になりました。何万人死んだか分からないです。

柳澤　あれもひどい戦争でした。

伊勢﨑　そこにアメリカが、地位協定もなしに、悪政とは言ってもいちおうは主権を担うアサド政権の許可なしに駐留しているわけですから。

柳澤　まだ常駐しているのですか。

伊勢﨑　しています。油田があるところに。

加藤　多分何か形式的な言い訳をしていると思いますけどね。

伊勢﨑　はい。あくまでも「テロとの戦い」が名目です。だけど、国連安保理の決議もなく、アサド政権はもちろん、それに反抗するシリアのいかなる政体の要請も受けていない駐留です。違法どころの騒ぎではありません。

林　個人的には私はウクライナとロシアの停戦協議を悲観的に見ています。

柳澤　私もそんなに楽観的ではない。ただ、ゼレンスキーが出した停戦条件というのは、先にも述べたように、ロシアに脅威を与えない非同盟・中立を国際保証することに加え、クリミアの一五年間棚上げですから、大枠として道理があると思っていた。戦争犯罪によって停戦の雰囲気はなくなってしまいましたが。

加藤　多分、戦場で決着がつくまで停戦できないでしょう。国家間戦争というのは、歴史的に見て、どちらかが戦場でギブアップしないと停戦や終戦にならなかったですから。インド、パキスタンやアラブ、イスラエルもそうでしたけれども。

伊勢﨑　繰り返しますが、停戦と終戦は、分けて考える必要があります。印パ戦争のように終戦には至らなくても、停戦は必ず、どんな戦争にも訪れます。一日でも早く停戦しようと苦心する勢力に、僕は身を置きたい。だって、民衆の犠牲が積み重なるだけですから。

インドとパキスタンの国境をめぐって現在も続く印パ戦争は、今回のウクライナ戦争の行方を占う先行モデルになるかもしれません。ここでの軍事境界線は、カシミールという民族自決権と分離独立問題を抱えている地域に引かれ、そこが主戦場になっている点で、ウクライナのドンバス問題に似ています。

第一次印パ戦争は一九四七年に起きました。国連の印パ軍事監視団が発動されたのは、翌一九四八年です。その翌年の一九四九年に帰属問題を決めるための住民投票を国連安保理が決議しています。しかし、インド側はこの住民投票の実施を現在まで妨害しているのです。特にムスリムが多いカシミール・バレーで、もし投票が行われれば、インドへの帰属は支持されないことが明白だからです。

この国連印パ軍事監視団は武装せず、監視のみです。武力衝突の抑止機能はありません。要員は一〇〇名程度です。問題は、監視団のプレゼンスがありながら、停戦が今までずっと〝継続〟していることです。そして戦争の再発を抑止できていません。第二次印パ戦争は、一九六五年、第三次は一九七一年に起き、このとき停戦ラインが再設定されています。そして両国が核を保有してからも、一九九九年のカールギル紛争では、両軍で数百名が死亡しています。

まあ、よく有名無実と揶揄《やゆ》される国連の停戦装置なのですが、それでも、より多くの一般市民を犠牲にする全面戦争にエスカレートさせない、一定の機能を果たしているという見方もできます。

停戦交渉で日本は役割を果たせるか

伊勢﨑　停戦に向けた日本の努力は、すでに始まっております。ロシア史研究者で東大名誉教授の和田春樹さんたちが、「憂慮する日本の歴史家の訴え」と表し緊急声明を発表しました。「停戦交渉を仲介するのは、ロシアのアジア側の隣国、日本、中国、インドが望ましい」とし、日本政府に行動を呼びかけています。

和田先生から早々連絡をいただき、シンポジウムの登壇などで全面的に協力をさせていただいております。

ウクライナ戦争、つまりヨーロッパの戦争をアジアが仲介する。あながち夢でもありません。なぜかというと、それと逆のことが過去に起き、和平を実現したケースがあるのです。ASEANができない紛争の調停にEUが役割を果たした。それがインドネシアからの独立戦争をしていたアチェのケースです。

結果、アチェは独立ではなく大変に高度な自治を獲得しましたが、その停戦交渉と監視団の派遣をEUが行ったのです。これを中心となって推し進めたのが、フィンランドの元大統領マルッティ・アハティサーリです。このとき、僕は「武装解除」の専門家ということで、日本政府から派遣され、彼を側面支援させていただきました。彼は、後にこの功績で二〇〇八年にノーベル平和賞を受賞しました。

この逆を行けばいいのです。EUはそのほとんどがウクライナに武器供与する〝準〟紛争当事国ですから、仲介はできない。だから、アジアが名乗り出るのです。

柳澤　ウクライナに対して、アチェに出した停戦監視団のようなものを。

伊勢﨑　そうそう。

柳澤　そこは自衛隊が出る？

伊勢﨑　非武装で（笑）。

柳澤　非武装で。

伊勢﨑　もちろん、「法の空白」をなんとかしてからですが。少なくとも「国外犯規定」問題は、本当に、早急になんとかしなければ。

林　自衛隊が出るという話は、政治の方から先に出そう、出そうと言うのではないですか。

柳澤　それで武器使用権限どうするなんていったら、もう危なくてしようがないです。それこそ日本にはちゃんとした国際人道法の適用もないわけだし。やるなら本格的な検討が必要です。

伊勢﨑　はい。でも、本格的な検討は、憲法問題にすると、今までそうであったように日本の政局は思考停止し、硬直化してしまいます。国際人道法、特にジュネーヴ諸条約と国際刑事裁判所ローマ規程が規定する重大な違反行為の本質を、現行の日本の法制が捉えきれない現実に真摯に向き合うこと。これが与野党を超えて必要なのです。そして、処罰規定がない日本の「法の空白」の解消は、刑法と自衛隊法の改革で十分できると思います。

柳澤　この憲法のもとでも、あるいは憲法を変えようが変えまいが、やるべきことがあるわけです。我々が今まで「自衛隊を活かす会」としてやってきたことは、まさにその問題提起だったわけです。今回は、進行中のウクライナ戦争を切り口にして、議論してきました。

コロナでしばらく活動を休止した期間もあり、年齢的にも、そろそろやめようかと考えたこともありました。今年に入って、どうしてもやっておきたいテーマとして、自衛官の自殺問題に関するシンポも行いました。ロシアの武力侵攻は、その直後の出来事だったわけで、こういう大国の戦争をどう止めるのかという新たな課題も出てきました。

まだしばらくは、こういう議論と発信を続けなければいけないと、改めて感じています。これからも、お付き合いください。ありがとうございました。

協力／自衛隊を活かす会

柳澤協二（やなぎさわ　きょうじ）
一九四六年生。元内閣官房副長官補・防衛庁運用局長。国際地政学研究所理事長。自衛隊を活かす会代表。

伊勢﨑賢治（いせざき　けんじ）
一九五七年生。東京外国語大学大学院総合国際学研究院教授。PKO幹部として紛争各地で武装解除を指揮。

加藤　朗（かとう　あきら）
一九五一年生。防衛庁防衛研究所を経、桜美林大学リベラルアーツ学群教授及び国際学研究所所長。

林　吉永（はやし　よしなが）
一九四二年生。国際地政学研究所理事。事務局長。元空将補。第七航空団司令、元防衛研究所戦史部長。

集英社新書一一三二A

非《ひ》戦《せん》の安《あん》全《ぜん》保《ほ》障《しょう》論《ろん》
ウクライナ戦《せん》争《そう》以《い》後《ご》の日《に》本《ほん》の戦《せん》略《りゃく》

二〇二二年九月二一日　第一刷発行
二〇二三年三月三一日　第二刷発行

著者……柳澤協二《やなぎさわきょうじ》／伊勢﨑賢治《いせざきけんじ》／加藤《かとう》　朗《あきら》／林《はやし》　吉永《よしなが》
編者……自衛隊《じえいたい》を活《い》かす会《かい》
発行者……樋口尚也
発行所……株式会社集英社
東京都千代田区一ツ橋二-五-一〇　郵便番号一〇一-八〇五〇
電話　〇三-三二三〇-六三九一（編集部）
〇三-三二三〇-六〇八〇（読者係）
〇三-三二三〇-六三九三（販売部）書店専用

装幀……原　研哉
印刷所……凸版印刷株式会社
製本所……加藤製本株式会社
定価はカバーに表示してあります。

ISBN 978-4-08-721232-7 C0231
Printed in Japan

a pilot of wisdom

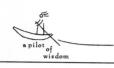